W0190544

Christian Berndt

Selbst Wohnräume unterm Dach ausbauen

Compact Verlag

© 1996 Compact Verlag München
Nachdruck, auch auszugsweise,
nur mit ausdrücklicher Genehmigung
des Verlags gestattet.
Alle Anleitungen wurden
sorgfältig erprobt – eine
Haftung kann dennoch
nicht übernommen werden.
Umschlaggestaltung: Inga Koch
Redaktion: Anne Kaspar, Barbara Fellenberg
Druck: Color-Offset GmbH, München
ISBN 3-8174-2234-2
2222341

Ein Wort zuvor

Selbermachen – ein Hobby, das heute für Millionen zur sinnvollen Freizeitbeschäftigung geworden ist. Ob es sich nun um die gemietete Altbauwohnung oder um die eigenen vier Wände handelt, mit etwas Geschick und einer fachmännischen Anleitung lassen sich oft verblüffende Ergebnisse erzielen: bei kleineren Reparaturen, beim Renovieren und Verschönern und beim Um- und Ausbauen. Und Selbermachen bringt Spaß, Freude an der eigenen Arbeit, deren Ergebnis man Tag für Tag sehen und »bewundern« kann; es spart Geld, mit dem sich lang gehegte Wünsche erfüllen lassen, und es macht unabhängig von Handwerkern, auf die man wochenlang und schließlich vergeblich gewartet hat.

Fachgeschäfte, Heimwerker- und Baumärkte versorgen den Hobby-Handwerker mit allen Werkzeugen und Materialien, die er braucht. Doch richtiges Werkzeug und Begeisterung allein reichen nicht aus. Unerläßlich sind eine gründliche Vorbereitung und Fachkenntnisse, wie eine Arbeit durchzuführen und was dabei zu beachten ist.

COMPACT PRAXIS **Selbst Wohnräume unterm Dach ausbauen** zeigt, wie man's macht. Mit wertvollen Tips und Tricks, die sich in der Praxis tausendfach bewährt haben. Jeder Arbeitsgang wird ausführlich Schritt für Schritt gezeigt und in Bild und Text erläutert. Übersichtliche Symbole zeigen auf einen Blick, mit welchem Schwierigkeitsgrad, welchem Kraft- und Zeitaufwand Sie bei jedem Arbeitsgang rechnen müssen, welche Werkzeuge Sie brauchen und wieviel Geld Sie durch Ihre eigene Arbeit einsparen können.

Werkzeug			
Schwierigkeitsgrad			
	0 1 2 3		
Kraftaufwand			
	0 1 2 3		
Arbeitszeit (z. B. 4 Std./m²)			
Ersparnis (z. B. 25 Mark/m²)			

Und so stufen Sie sich richtig ein:

Schwierigkeitsgrad 1 – Arbeiten, die auch der Ungeübte ausführen kann. Es ist nur geringes handwerkliches Geschick erforderlich.

Schwierigkeitsgrad 2 – Arbeiten, die einige Übung im Umgang mit Werkzeug und Material erfordern. Es ist handwerklich durchschnittliches Geschick notwendig.

Schwierigkeitsgrad 3 – Arbeiten, die fachmännische Übung erfordern. Überdurchschnittliches Geschick ist erforderlich.

Kraftaufwand 1 – Leichte Arbeiten, die jeder erledigen kann.

Kraftaufwand 2 – Arbeiten, die eine gewisse körperliche Kraft erfordern.

Kraftaufwand 3 – Arbeiten für kräftige Heimwerker, die keine »Knochenarbeit« scheuen.

Inhaltsverzeichnis

Fachkunde
Was man vorher wissen muß — 6

Materialkunde
Dämmstoffe und ihre Handelsformen — 7
Die wichtigsten Eigenschaften
der Dämmstoffe — 11
Porenbeton verarbeiten — 14
Gipskartonplatten für den Trockenausbau — 15
Verbundplatten für schadhafte Fußböden — 17
Teppichbodenarten — 18
PVC-Beläge — 20

Fertigparkett — 21
Fliesen für Böden und Wände — 23
Sanitärzubehör für jeden Zweck — 24

Werkzeugkunde — 26

Grundkurse
Grundregeln für den Innenausbau — 28
Räume richtig planen — 30
Mauern und Verputzen — 31
Dämmen Schritt für Schritt — 33
Trittschalldämmung einbauen — 37

Fußboden erneuern	38
Bodenbeläge ausmessen	41
Teppichboden verlegen	42
Fertigparkett verlegen	46
Wände fliesen	48
Fußboden fliesen	50
Fliesen verfugen	51

Arbeitsanleitungen

Dachgaube einbauen	52
Dachflächenfenster einsetzen	55
Dachgeschoß dämmen	58

Zwischenwand aus Porenbeton errichten	60
Holzverkleidete Zwischenwand in Ständerbauweise	62
Fertigtür in Ständerwerk einbauen	68
Fliesen auf alten Holzdielen	72
Badezimmer unter der Schräge	75
Küche unterm Dach	78
Schreibtisch für die Dachschräge	82
Das komplette Mansarden-Appartement	86

Sachwort-Register	95
Abbildungsverzeichnis	96

Was man vorher wissen muß

Baugenehmigung

Wenn Sie Ihr Dachgeschoß zu Wohnzwecken ausbauen wollen, so kann hierzu gesagt werden, daß die meisten Landesbaugesetze hierfür keine Baugenehmigung vorsehen, wenn der Ausbau einen bestimmten Umfang nicht überschreitet. Dies gilt aber dann, wenn Sie Dachflächenfenster einbauen. Ab einer bestimmten Glasflächengröße kann aber der Einbau eines solchen Fensters genehmigungspflichtig werden. Dies gilt auch dann, wenn die Scheibengröße erst durch den Einbau und die Kombination mehrerer Fenster erreicht wird. Der Einbau von Dachgauben ist jedoch auf jeden Fall genehmigungspflichtig. Bundeseinheitliche Vorschriften gibt es nicht. **Baurecht ist Ländersache.** Die Gemeinden regeln und ordnen in Bauleitplänen Art und Nutzung der Bebauung. Das kann durchaus so weit gehen, daß Ihrem Nachbarn in der Querstraße die Dachgaube genehmigt wird, Ihnen aber nicht. Daher ist es von vornherein sicherer, wenn Sie sich bei dem für Ihren Wohnort zuständigen **Bauamt** informieren.

Profihilfe

Die komplexe Technik einer Wohnung mit ihren umfangreichen Ver- und Entsorgungsleitungen, mit Wasser-, Gas- und Stromanschlüssen spricht eindeutig gegen den Alleingang eines Selbermachers, es sei denn, er ist vom Fach – sprich Installateur oder Elektriker. Die **Sicherheitsbestimmungen** der Energieversorgungsunternehmen erlauben nur konzessionierten Fachhandwerkern die Ausführung von Arbeiten an Gas-, Wasser- und Stromleitungen, und dies aus gutem Grund. Fehler in diesem Bereich können fatale Folgen haben: von der simplen Überschwemmung oder dem schon gravierenden Problem des Rückflusses von Brauchwasser aus der Waschmaschine in die Trinkwasserleitung infolge falscher Ventilwahl bis hin zur Gasexplosion oder zum tödlichen Stromschlag.

Daraus folgt die eindeutige Devise für alle Dachausbauten, die ja später bewohnt sein sollen: **Ohne fachlichen Rat oder Beistand geht es nicht.** Um Mißverständnissen vorzubeugen: damit kann auch nicht als Nachbarschaftshilfe deklarierte Schwarzarbeit gemeint sein, denn der Schwarzarbeiter kann und wird im Falle eines Falles nicht in die Schadenshaftung eintreten und nur selten mit der Qualifikation eines Fachmanns aufwarten können.

Der Rat wird sich immer auszahlen, weil er vor den Fehlern in der Planung schützt. Fortschrittliche Betriebe sind heute durchaus bereit, mit Selbermachern zu kooperieren. Im Zweifelsfall kann die Handelskammer Auskunft geben, falls man nicht einfach das Gespräch mit dem einen oder anderen Fachbetrieb sucht, um die Möglichkeiten einer kostensenkenden Zusammenarbeit zwischen Profi und Amateurhandwerker abzustecken. Die Mitwirkung eines Fachbetriebs kann auch hilfreich sein, wenn man spezielle Produkte verwenden will. Viele Markenfirmen vertreiben ihre Produkte nur über den Fachhandel, in dem normalerweise nur Fachbetriebe einkaufen können. Dies gilt beispielsweise für Armaturen.

Die Zusammenarbeit mit dem Fachmann ist bei einem kompletten Ausbau des Dachgeschosses unverzichtbar. Wer glaubt, ohne fachlichen Rat auskommen zu können, wird unter Umständen feststellen, daß Unkenntnis nicht vor Schaden schützt.

Dämmstoffe und ihre Handelsformen

Alle Materialien enthalten einen mehr oder minder großen Anteil an Luft. Dieser Bestandteil ist z.B. bei Stein ziemlich gering, bei Holz dagegen relativ hoch. Ungedämmtes Steinmauerwerk fühlt sich deshalb kalt an, weil es die im Innenraum vorhandene Wärme schnell nach außen ableitet. Moderne Dämmstoffe bestehen aus Materialien, die einen extrem hohen Anteil an eingeschlossener Luft beinhalten. Ihre große Dämmwirkung beruht darauf, daß die in ihnen enthaltene Luft Wärme schlecht leitet. Als wichtigste, industriell gefertigte, moderne Dämmaterialien können Polystrol-Hartschaum, üblicherweise Styropor genannt, Mineralwolle und Blähperlit bezeichnet werden. Ihr Anteil bei der Wärme- und Schalldämmung von Gebäuden übertrifft bei weitem den Anteil von natürlichen Dämmaterialien.

Ökotip

Kork, Kokosfaser, Stroh oder Seegras sind natürliche und umweltfreundliche Dämmaterialien. Sie alle haben hervorragende Dämmeigenschaften. Der Handel bietet diese Materialien bereits alternativ an.

Die genannten Dämmaterialien werden in verschiedenen Formen und Formaten angeboten. Bei der Auswahl des richtigen Dämmstoffes kommt es immer wieder auf den speziellen Anwendungszweck an (z.B. Dämmung des Daches, Dämmung von Warmwasserleitungen, Dämmung von Fußböden gegen Trittschallübertragung etc.).
Die folgenden Ausführungen sollen Sie mit den wichtigsten Handelsformen von Dämmstoffen vertraut machen.

1 Dämmstoffplatten gibt es in den verschiedensten Breiten, Längen und Dicken und für die unterschiedlichsten Anwendungen. Ein gebräuchliches Plattenmaß ist beispielsweise 125 x 60 cm. Die Plattendicke nimmt normalerweise ab 20 mm aufwärts um jeweils 10 mm zu. Dämmstoffplatten gibt es für die verschiedensten Anwendungsbereiche; so unterscheidet man zwischen Fassadendämmplatten, Dachdämmplatten, Estrich- und Trockenestrichdämmplatten, Schalldämmplatten, Deckendämmplatten und vielen anderen mehr. Der Verwendungszweck entscheidet über die

1

2

3

4

5

Verwendungsmethode. Treffen Sie Ihre Auswahl nach eingehender Beratung durch den Fachhandel, sonst kann es leicht zu Bauschäden und zu Problemen beim Einbau kommen.

2 Hartschaumplatten sind in verschiedenen Formen mit und ohne Falz im Handel.

Für bestimmte Anwendungen gibt es spezielle Formteile aus Hartschaum (z.B. Rolladenkästen, Formteile für Bade- und Duschwannen, Keile, Einbettungsplatten für Fußbodenheizungen etc.), deren große Dämmwirkung, hohe Stabilität und leichtes Gewicht besonders wirtschaftliche und einfache, aber auch handwerklich einwandfreie Anwendungen möglich machen.

Hartschaumplatten sind auch als spezielle Dränplatten mit besonders hoher wasserableitender Wirkung im Handel erhältlich.

Extrudierte Polystyrol-Hartschaumplatten sind besonders druckfest und bieten einen hohen Widerstand gegen Wasserdampfdiffusion.

Ökotip
Die Treibmittel zur Herstellung von Polystyrol-Hartschaum bestehen häufig aus den Fluorkohlenwasserstoffen (FCKW), die umweltschädlich sind. Bei den Dämmstoffen finden sich bereits FCKW-freie Produkte auf dem Markt. Noch FCKW-haltige Dämmstoffe sind mit einem entsprechenden Hinweis, z.B. »enthält ozonabbauende FCKW«, gekennzeichnet.

3 Dämmstoffilze in Form von langen Matten eignen sich vor allem für eine Verlegung zwischen den Dachsparren und zwischen Lagerhölzern auf Decken. Sie sind in den verschiedensten Breiten, Längen und Dicken erhältlich.

4–5 Aluminiumkaschierte Mineralfasermatten werden überwiegend im Dachbereich zwischen den Sparren eingesetzt. Sie sind mit einer reißfesten Aluminiumfolie überzogen, an deren Randbereich sie ohne Mühe mit Tackerklammern befestigt werden können. Die Aluminiumkaschierung hat den Vorteil, daß nach dem Einbau der Mineralfasermatten im Dachbereich die

Dämmfläche nicht mit einer Folie als Dampfbremse überzogen werden muß.

Verbundplatten für die Wärme- und Schalldämmung von Böden, Decken und Wänden bestehen aus einer Dämmstoffschicht (Styropor oder Mineralfaser) und einer Außenbekleidung (Gipsfaser oder Holzsparren).

Diese Verbundplatten sind meistens mit Nut und Feder ausgestattet, so daß sie bequem fugendicht verlegt werden können. Die Fugen an den Plattenkanten müssen nach der Montage überspachtelt werden. Verbundplatten haben den großen Vorteil, daß ihre Sichtfläche unmittelbar nach dem Verfugen gestrichen, tapeziert, verfliest, mit Parkett oder Teppichboden belegt werden kann.

Mineralfaserwolle, lose in Säcken geliefert, wird bei der Dämmung von Hohlräumen dort eingesetzt, wo der Einbau von Dämmplatten oder -filzen zu aufwendig wäre. Sie eignet sich gut für eine Stopfdämmung unter Badewannen, zum Ausstopfen von Ritzen und Fugen.

6 Baumwolle-Dämmatten Isocotton sorgen für ein hervorragendes Raumklima – weil Baumwolle fähig ist, in erheblichem Umfang Feuchtigkeit aufzunehmen und zwischen Raumluft und Außenluft als Feuchtepuffer zu wirken. Diese Dämmatten sind dank ihres geringen Gewichts von 20 kg/m³ so leicht, daß es weder Verarbeitungs- noch Statikprobleme gibt.

Und natürlich zeigen sich **Isocotton-Dämmplatten** auch bei der Schallisolation von ihrer besten Seite: durch den guten längenbezogenen Strömungswiderstand eignen sich die Matten fürs Dach und für Decken- und Trennwandkonstruktionen.

6

Dieser Dämmstoff trägt entscheidend dazu bei, die Kosten für Heizenergie zu senken, den CO_2-Ausstoß zu verringern – und damit den Forderungen der neuen Wärmeschutzverordnung zu entsprechen, die ab 1. Januar 1995 in Kraft trat.

7 Mineralfaserzöpfe, mit Draht kreuzweise umschlungen, werden für die Dämmung von Fugen verwendet, z.B. zwischen Fenster-

7

8

8 Rohrschalen eignen sich zur Dämmung von Heiß- und Kaltwasserrohren: sie verhindern zum einen wirkungsvoll das Abstrahlen von teurer Heizenergie dort, wo sie gar nicht gebraucht wird, z.B. im Keller, unter Fußböden oder in den Wänden. Zum anderen bewirken sie bei Kaltwasserrohren, daß sich an anderen Außenseiten kein Schwitzwasser bilden kann. Sie sind in Hartschaum und in Mineralfaser im Handel und haben auf alle gängigen Rohrdurchmesser angepaßte Stärken.

Damit sie noch besser dämmen, werden Rohrschalen mit Aluminiumfolie umwickelt oder mit Kunststoffschalen umgeben. Damit ihre Längsschlitze dicht geschlossen sind, müssen die Rohrschalen fest mit Draht umwickelt werden. Diesen Arbeitsgang kann man sich sparen, wenn man aluminiumkaschierte Rohrschalen verwendet. Sie sind mit einem überstehenden Kleberand ausgestattet, der das Verschließen wesentlich erleichtert.

rahmen und Wand. Der Draht hält das Material zusammen und gibt den Zöpfen die Elastizität, die für einen sicheren Halt erforderlich ist.

Randstreifen aus Mineralfaser werden zur schwimmenden Verlegung von Estrichen und als Balkenunterlage bei schwimmenden Holzfußböden eingesetzt. Beim Aufbringen von Estrichen dienen sie zur Dämmung des Randbereiches. Sie werden dann, bevor die Estrichdämmplatten ausgelegt sind, ringsum an den Rändern der

Bodenfläche aufgestellt und sollten die Oberkante des Estrichs um einige Zentimeter überragen. Nachdem Sie den Estrich aufgebracht haben, werden die überstehenden Ränder mit einem Messer bündig abgeschnitten.

Bei einer Verwendung als Balkenunterlage oder als Unterlage für Kantholzrahmen, die unter Decken oder an Wänden montiert sind, verhindern sie wirksam eine Übertragung von Schall auf anschließende Bauteile.

Untertapeten aus millimeterdünnem Hartschaum haben eine beachtliche Dämmwirkung und eignen sich ebenfalls gut für die Wärmedämmung.

Die wichtigsten Eigenschaften der Dämmstoffe

Für eine optimale Wärme- und Schalldämmung bei gleichzeitiger langer Haltbarkeit und möglichst einfachen, jedoch immer fachgerechten Verarbeitungsmöglichkeiten sollte der von Ihnen gewählte, zweckgebundene Dämmstoff folgende Eigenschaften besitzen:

1 Hoher Wärmedämmwert wird durch einen hohen Wärmedurchlaßwiderstand und geringe Wärmeleitfähigkeit erreicht. Bei den verschiedenen Dämmstoffarten müssen Sie auch unterschiedliche Dämmwerte einkalkulieren. Um ein objektives Maß zu erhalten, wurden die Dämmstoffe in »Wärmeleitfähigkeitsgruppen« eingeteilt. Die Bezeichnung der Gruppen, z.B. 040 oder 035, ist auf dem Beipackzettel der Plattenbündel aufgedruckt. Hier finden Sie auch andere wichtige Angaben, wie z.B. das Liefermaß, die Nenndicke, das Brandverhalten und die Prüfstelle.
Für die richtige Auswahl Ihres Dämmstoffes bedeutet die Angabe der Wärmeleitfähigkeitsgruppe: Je geringer der angegebene Wert, desto größer die Dämmwirkung des Materials. Dabei ist die wirkliche Dämmwirkung

jedoch abhängig von der Schichtdicke des Dämmstoffes: Je dicker die Dämmstoffschicht, um so größer die Dämmwirkung. Dies bedeutet für die Praxis, daß für die Erzielung einer gleich großen Dämmwirkung die Schicht eines Dämmstoffes der Wärmeleitfähigkeitsgruppe 040 dicker sein muß als die Schicht eines Dämmstoffes der Wärmeleitfähigkeitsgruppe 035. Wo also wenig Raum zum Einbau von Dämmstoffen zur Verfügung steht und wo eine möglichst große Dämmwirkung erwünscht ist, sollte man auf Dämmstoffe der Wärmeleitfähigkeitsgruppen 035 oder gar 030 zurückgreifen.

Hohe Schallschutzeigenschaften werden durch eine entsprechende Beschaffenheit und Verarbeitung des Dämmaterials bewirkt. Hier ist es wichtig, zwischen reinen Wärmedämmplatten und speziellen Schalldämmplatten zu unterscheiden, die zusätzlich eine mehr oder weniger gute Wärmedämmung ermöglichen. Normale Wärmedämmplatten eignen sich nicht für den Trittschallschutz. Zu diesem Zweck müssen Sie spezielle Trittschalldämmplatten verwenden.

1

2

3

4

2 Ein optimaler Brandschutz kann nur durch den Einbau nicht-brennbarer Dämmstoffe erreicht werden. Auf dem Beipackzettel von Dämmaterialien finden Sie die Angabe des Brandverhaltens nach DIN 4102. Die Baustoffe werden hierbei in nichtbrennbare und brennbare Materialien unter-teilt. Minderalfaserdämmstoffe sind in den meisten Lieferformen nicht brennbar. Dämmplatten aus Polystyrol-Hartschaum gehören der Gruppe der brenn-baren Baustoffe an, sie sind nach DIN 4102 der Baustoffklasse »B 1 = schwer entflammbar« zuge-

ordnet. Polystyrol-Hartschaum ist ab etwa 100 Grad Celsius nicht mehr hitzebeständig, während Mineralfasern und vor allem »Steinwolle« überhaupt nicht brennbar sind, sondern bei extrem hohen Temperaturen (1000 Grad Celsius) lediglich schmelzen.

3 Diffusionsoffene Dämmstof-fe leiten auftretenden Wasser-dampf schnell ab. Baufeuchte oder feuchte Luft aus dem Gebäudeinneren kann ohne wei-teres durch die Dämmschicht hindurchdiffundieren. Das Dämm-

material wird durch die Konden-sation nicht durchfeuchtet. Die Dämmplatten quellen nicht auf und die Hinterlüftung bleibt in jedem Fall erhalten.

4 Dauerhaft wasserabweisen-de Eigenschaften über den gesamten Plattenquerschnitt verhindern eine Durchfeuchtung der Platten während der Mon-tage.

Von großem Nutzen sind sie bei schadhaften Fassadenbeklei-dungen und Dächern sowie bei offenfugig angebrachten Fassa-denbekleidungen. Die wasserabweisenden Eigenschaften von Dämmplatten aus Steinwolle können so groß sein, daß die Platte an der Fassade oder bei Schrägdächern ohne jede Verkleidung oder Abdeckung verwendet werden kann.

5 Formstabilität sollte ein wichtiges Merkmal des von Ihnen bevorzugten Dämmstoffes sein. Sie wird erreicht durch die innere Struktur der Dämmstoffplatten, wenn die Fasern nicht wie bei Mineralwolle in Schichten angeordnet, sondern »verwirbelt« sind. Bei der Verarbeitung und auch dauerhaft nach dem Einbau bleiben formstabile Dämmstoffe flexibel und lassen sich zusammendrücken.

Dies ist ein wesentlicher Vorteil beispielsweise dann, wenn der Dämmstoff ohne weitere Befestigung einfach zwischen die Latten der Unterkonstruktion eingeklemmt wird. Die Formstabilität trägt dazu bei, eine wirksame Hinterlüftung zu erhalten.

Elastizität und Maßhaltigkeit garantieren ein fugendichtes Einpassen innerhalb der Unterkonstruktion. Nur hierdurch ist eine

5

sichere Vermeidung von Wärme- oder Schallbrücken gewährleistet. Exakt gleichbleibendes Plattenformat bei allen Platten einer Größe ist eine der wichtigsten Voraussetzungen dafür, daß im Verband verlegte Platten auf der gesamten Fläche bündig gestoßen und fugendicht eingebaut werden können.

Straff federnder Sitz ist eine wichtige Voraussetzung für die sichere Verarbeitung und den fachgerechten Einbau. Er muß gewährleistet sein, wenn die Dämmstoffplatten mit Dämmstoffhaltern mechanisch befestigt oder auf Kantholzkonstruktionen gebündelt werden. Beeinträchtigt wird der straff federnde Sitz durch unsachgemäße Verarbeitung, wenn beim Bohren,

Dübeln oder Anbringen von Mauerwerksverankerungen die Platten ausfransen oder die vorbereiteten Löcher Trichter bilden.

Exaktes Einpassen der Dämmstoffe ist nur dann möglich, wenn sich die Platten problemlos schneiden lassen. Die Schnittkante darf dabei auf keinen Fall ausfransen. Der Dämmstoff darf bei der Bearbeitung nicht einreißen, die Struktur des Dämmaterials darf ein freies Zuschneiden nicht behindern.

Profitip

Im Handel finden Sie die unterschiedlichsten Dämmstoffe, die die genannten Eigenschaften aufweisen. Lassen Sie sich beraten, und prüfen Sie sorgfältig Materialangebot und Kosten bei den verschiedenen Händlern, bevor Sie sich zum Kauf entscheiden. Denn nur der richtige Dämmstoff garantiert die von Ihnen gewünschte hohe Wärme- und Schalldämmwirkung.

Bei den verschiedenen Dämmstoffherstellern können Sie umfangreiches Informationsmaterial anfordern.

Porenbeton verarbeiten

Bei der Althaus-Sanierung und -Renovierung und insbesondere beim Ausbau des Dachgeschosses ergibt sich oft die Notwendigkeit, den vorhandenen Grundriß zu verändern, um große Räume teilen oder von einem Raum Platz für ein Bad oder eine Küche abzutrennen. Dabei werden Trennwände so gut wie nie konventionell aus Steinen und Mörtel aufgemauert. Meistens ist dies für die darunterliegende Decke allein aus Gewichtsgründen nicht möglich. Nicht selten scheidet Massivmauerwerk auch als Problemlösung aus, weil korrektes Mauern für den weitaus größten Teil der Heimwerker ein Problem darstellt.

1 Eine auch für den Selbermacher attraktive Alternative zum konventionellen Mauerwerk bieten Porenbeton-Plansteine, die sich sehr viel leichter verarbeiten lassen. Sie bieten dank ihres geringen Raumgewichts keine Probleme hinsichtlich der zulässigen Deckenlast, und sie lassen sich wegen der planebenen Flächen und ihrer rechtwinkligen Ausführung leicht aufmauern. Mit einem speziellen Klebemörtel verbinden Sie die Steine. Er wird dünn aufgezogen und bringt so nur wenig Feuchtigkeit in den Bau ein.

Das gängige Maß der großformatigen Porenbeton-Plansteine beträgt 50 x 25 x 10 cm.

Bei sorgfältiger Arbeit läßt sich mit diesem Material eine absolut glatte Wand errichten, die Sie nachträglich nicht verputzen müssen. Nachdem Sie die Fläche glattgespachtelt und eine Tiefgrundierung aufgetragen haben, kann direkt auf den Porenbeton tapeziert oder gefliest werden. Auch dünnschichtige Struktur- und Leichtputze bieten interessante Gestaltungsmöglichkeiten. Hierbei müssen Sie aber darauf achten, daß Sie einen speziellen Putz verwenden, der exakt auf diesen Baustoff abgestimmt ist. Sonst müssen Sie auf dessen Eignung für Porenbetonsteine achten, da es sonst zu Rißbildungen kommen kann.

2 Besonders vorteilhaft erweist sich die leichte Bearbeitung von Porenbeton: Sie können die Steine problemlos mittels Handsäge oder elektrischem Fuchsschwanz genau zuschneiden. Wenn Sie umfangreiche Arbeiten mit Porenbeton vorhaben, dann lohnt sich auch die Anschaffung einer Spezialsäge.

Gipskartonplatten für den Trockenausbau

Besonders heimwerkerfreundlich sind Gipskartonplatten, deren trockene Montage keinerlei Feuchtigkeit in den Baukörper einbringt und nach Fertigstellung der Wand sofort tapezierfähige Flächen liefert.

1 Für Trennwände aus Gipskartonplatten muß zunächst ein Ständerwerk aus Holz oder Metallprofilen als tragende Konstruktion errichtet werden. Anschließend wird das Ständerwerk ein- oder zweilagig mit Gipskartonplatten beplankt.

2 Metallprofile sind unumgänglich, wenn Brandschutzanforderungen zu erfüllen sind. Das Ständerwerk kann, wenn besondere Ansprüche an den Schallschutz gestellt werden oder in der Trennwand Raum für Rohrleitungen geschaffen werden soll, auch auf Abstand gesetzt doppelt ausgeführt werden. Dabei sind die senkrechten Streben jeweils um eine halbe Feldbreite gegeneinander versetzt anzuordnen. Zwischen ihnen verläuft die Dämmung bzw. die Installation zum Beispiel für eine abgeteilte Küche oder ein Bad. Als Dämmeinlage empfiehlt sich

nicht brennbare, zugleich schall und wärmedämmende Steinwolle. Bei einer insgesamt 7,5 cm dicken, beidseitig einlagig beplankten Trennwand mit Metallständerwerk und 4 cm dicker Steinwoll-Dämmeinlage wird ein Schalldämmaß von 44 dBA erreicht. Wird dagegen ein Doppelständerwerk mit 8 cm dicker Dämmeinlage und beidseitig doppelter Beplankung verwendet, so ist mit dieser Konstruktion ein Schalldämmaß von 57 dBA bei 25,5 cm Gesamtwanddicke erreichbar.
Gipskartonplatten gibt es von verschiedenen Herstellern in unterschiedlichen Abmessungen, Stärken und Kantenausbildunge im Do-it-yourself-Verfahren sind jedoch die Einmannplatten am besten geeignet. Sie haben das handliche Format von 100 x 150 cm und wiegen bei 10 mm Dicke nur ca. 17 kg.

3–4 Für Feuchträume wie Küche und Bad gibt es speziell impränierte Platten, die an ihrer Einfärbung (hellgrün) zu erkennen sind.

5 Sollen Trennwände zugleich eine feuerhemmende Funktion haben, so sind ausgesprochene

1

2

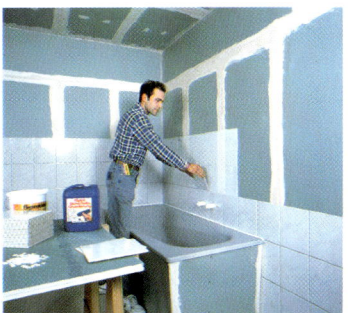

3

4

5

6

Feuerschutzplatten zu verwenden. Ihr Kern ist zusätzlich glasfaserarmiert, um im Brandfall einen besseren Zusammenhalt sicherzustellen. Durch das im Gips gebundene Kristallwasser, das bei Hitzeeinwirkung freigesetzt wird, sind Gipskartonplatten von Natur aus im Brandfall relativ widerstandsfähig. Solche Platten eignen sich auch zur Verkleidung von Kaminaufsätzen.

Universell einsetzbar sind faserarmierte Ausbauplatten, denn sie sind nicht nur mechanisch höher belastbar als übliche Gipskartonplatten, sondern zugleich auch für Feuchträume geeignet, nicht brennbar (Baustoffklasse A2) und beim Dachgeschoßausbau in Verbindung mit Mineralfaser-Dämmstoffen feuerhemmend (F30).

Die übliche Dicke von Gipskarton- und faserarmierten Bauplatten liegt bei 10 mm. Es gibt aber auch stärkere Platten mit 12,5 oder 15 mm Dicke. Der Zeit- und Materialaufwand bei der Unterkonstruktion läßt sich durch eine 20 mm dicke Wohnbauplatte erheblich reduzieren. Sie ist ebenfalls universell einsetzbar und dient zugleich als Feuerschutz- und Feuchtraumplatte.

6 Allen genannten Ausbauplatten auf Gipsbasis ist bei fachgerechter Montage eine planebene, tapezierfähige Oberfläche gemeinsam. Außerdem schafft das Material durch seine Fähigkeit, Feuchtigkeit zu regulieren, ein gesundes, angenehmes und behagliches Wohnklima.

Sie erhalten auch Gipskartonplatten, die bereits mit einer Dämmstoffauflage auf der Rückseite ausgestattet sind; sie ermöglichen Wärme- und Schallschutz in einem.
Sie sind in verschiedenen Dämmstärken lieferbar.

Profitip
Selbstverständlich lassen sich Ständerwerke auch mit anderen Materialien als Gipskartonplatten verkleiden. Geeignet sind zum Beispiel Nut-Feder-Bretter, Edelholzpaneele, Kassettenplatten, Akustikplatten und dekorbeschichtete Ausbauplatten.
Dabei ist die jeweilige Unterkonstruktion den Erfordernissen und Abmessungen der gewählten Bekleidungsmaterialien anzupassen.

Verbundplatten für schadhafte Fußböden

Für ausgetretene oder unebene Estrichflächen gibt es selbstverlaufende Ausgleichsmassen. Die sogenannten **Fließestriche** werden mit Wasser zu einer fließfähigen Konsistenz angemischt, im Raum verteilt und verlaufen von selbst in die Waage. Eine plane Oberfläche entsteht, auf der Holzdielen oder Fliesen verlegt werden können. Zu beachten ist bei der Verwendung von Fließestrichen aber, daß in den Untergrund kein Material hineinlaufen darf.

Deshalb kommen bei **Holzdielenböden**, wie Sie sie in den meisten Dachgeschossen von Altbauten vorfinden, spezielle Ausgleichsmassen zum Einsatz. Diese werden mit einer armierenden Gewebeeinlage auf den gereinigten Holzboden aufgebracht. Erst dann können Sie auf dem so ausgeglichenen Boden einen modernen Belag wie Teppichboden oder Fliesen einsetzen.

Beide Methoden können praktisch ohne nennenswerte Erhöhung des Fußbodenniveaus realisiert werden. Allenfalls der Einsatz von Fitschenringen (Beilegscheiben) oder geringes Abhobeln des Türblatts ist erforderlich, damit sich die Zimmertür weiterhin problemlos auf- und zumachen läßt.

Eine grundlegende Fußbodenerneuerung – beispielsweise aus Gründen der Festigkeit oder des Schallschutzes – bringt Probleme mit den Raumtüren mit sich. In der Regel müssen die Türen erheblich gekürzt werden, wenn der Altboden durch eine Auflage saniert wird – z.B. mit Sperrholzfedern verbundenen Spanplatten (Emissionsklasse E1 oder formaldehydfrei) bzw. durch miteinander verklebte oder verschraubte **Trockenestrichelemente** (Abb. 1–3) oder Verbundplatten. Wichtig bei allen Plattenauflagen ist die Vermeidung von Kreuzfugen; hierdurch können Sie verhindern, daß sich die Platten gegeneinander bewegen können.

1–3 Diese Abbildungen zeigen den Fußbodenaufbau. In unserem Beispiel soll das Fußbodenniveau deutlich durch ein Podest erhöht werden. Verwendet werden hierzu Hartschaumplatten, die nicht nur die Erhöhung, sondern zusätzlich auch noch eine Dämmung bilden. Die Abdeckung wird mit Trockenestrichelementen durchgeführt, die sich sehr leicht einbauen lassen.

1

2

3

Teppichbodenarten

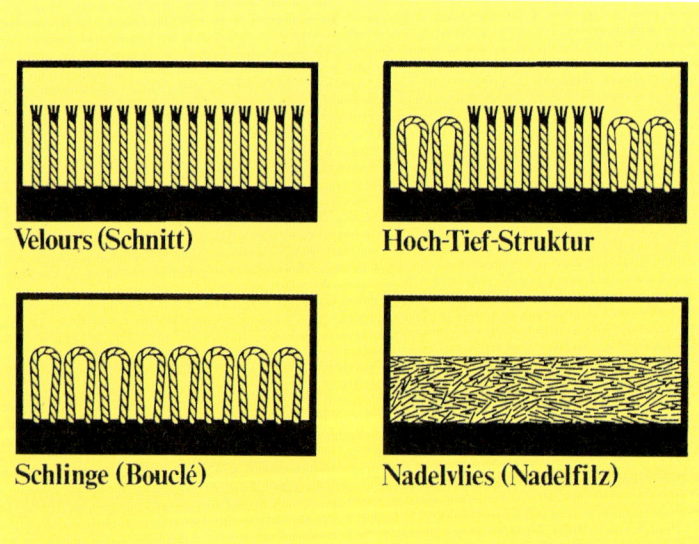

Velours (Schnitt)

Hoch-Tief-Struktur

Schlinge (Bouclé)

Nadelvlies (Nadelfilz)

Als Teppichböden sind grundsätzlich alle textilen Bodenbeläge zu verstehen, die den Boden von Räumen ganz bedecken, also von Wand zu Wand oder sogar übergreifend von Wohnräumen über Flure und in weitere Räume verlegt werden.

Teppichoberseite
Je nach der Oberflächenbehandlung des Herstellungsprozesses entstehen verschiedene Teppichbodenoberseiten:
Bei der **Schlinge** oder **Bouclé** genannten Obergestaltung ist die Polschlinge geschlossen.
Velours oder Schnitt entsteht durch Aufschneiden der Polschlingen.
Hoch-Tief-Strukturen werden dadurch erreicht, daß die beiden genannten Techniken (Velours und Bouclé) miteinander verbunden werden.
Nadelfilz- und Nadelvliesteppichböden haben eine geschlossene filzartige Oberschicht.
Weitere Variationsmöglichkeiten der Teppichbodenoberfläche

liegen unterschiedliche Polhöhen, Poldichten, Faser- und Garnfeinheiten zugrunde.
Durch die Verwendung verschiedenfarbiger Garne, durch spezielle Musterungseinrichtungen (Jacquard-Verfahren) und durch Färbe- und Druckverfahren werden die Teppichböden farblich gestaltet.

Teppichunterseite
Die Unterseite von Teppichböden, auch »Rücken« genannt, wird zusätzlich zur Appretur, die der Verfestigung des Untergewebes dient, mit einer mehr oder weniger dicken Unterschicht aus elastischem Kunststoffschaum versehen. Die hierfür verwendeten Kunststoffe, in der Hauptsache Syntheselatex und Polyurethan, werden als Glatt-, Kompakt- oder Prägeschaum aufgetragen. Für spezielle Schwerbeschichtungen werden darüber hinaus PVC und Polypropylen verwendet. Textile Zweitrücken bestehen aus pflanzlichen oder synthetischen Fasern bzw. aus Fasermischungen. Durch die Beschichtung an der Teppichunterseite wird der Teppichboden elastischer. Gleichzeitig werden seine trittschall- und wärmedämmenden Eigenschaften erhöht.

Teppichbodenqualität

Die im Handel vorliegende Vielfalt an Teppichböden unterschiedlichster Qualitätsstufen, Eignungsbereiche, Materialzusammensetzungen und Zusatzeigenschaften machen es dem Käufer schwer, eine qualitätsbewußte Auswahl zu treffen. Hier bietet das »Teppich-Siegel« der Europäischen Teppichgemeinschaft e.V. (ETG) zuverlässige Entscheidungshilfen. Die in der ETG zusammengeschlossenen fast 50 namhaften europäischen Teppich-Hersteller lassen ihre Teppichböden vom Deutschen Teppich-Forschungs-Institut in Aachen prüfen. Die Prüfung umfaßt die Einhaltung vorgegebener Qualitätsnormen, die Materialzusammensetzung der Nutzschicht, die Eignung für einzelne Einsatzbereiche, zusätzliche Eigenschaften, wie z.B. treppengeeignet oder antistatisch. Hat ein Produkt diese Prüfungen bestanden, so wird ihm das Teppich-Siegel verliehen, auf dem das Prüf-Testat durch eine ETG-Kontrollnummer bestätigt wird. Unter Angabe dieser ETG-Kontrollnummer kann das Prüfungsergebnis beim Deutschen Teppich-Forschungs-Institut angefordert werden.

Die Symbole auf dem Teppichsiegel informieren über die Eignungsbereiche des Bodenbelags

Neben der Kontrollnummer weist das Teppich-Siegel die geprüften Strapazier- und Komfortwerte des Teppichbodens aus. Zusätzlich enthält es zuverlässige Angaben über die Eignungsbereiche, die Zusatzeigenschaften und den Rohstoffgehalt der Nutzschicht.

PVC-Beläge

PVC mit Holzcharakter

Strapazierfähiges PVC

Moderne Bodenbeläge aus PVC (Poly-Vinyl-Chlorid) haben viele Vorteile:

Die PVC-Oberschicht ist besonders strapazierfähig. Sie garantiert eine lange Lebensdauer des Belages.

PVC-Beläge sind verrottungsfest und wasserdicht und daher besonders gut geeignet für eine Verlegung in Küchen, Badezimmern und Waschräumen.

Die PVC-Schaumschicht unter der eigentlichen Nutzschicht ist trittelastisch und schalldämmend.

Durch eine Glasvliesarmierung in der Unterschicht sind besonders hochwertige PVC-Beläge maßstabil.

Sie sind für eine lose Verlegung (mit doppelseitigem Klebeband am Randbereich) genauso geeignet wie für eine vollflächige Verklebung (mit guten Einseit-Klebern oder Wiederaufnahmeklebern). Mit speziellen Kaltschweißverfahren (nach der jeweiligen Verlegeanleitung des Herstellers) können Nähte wasser- und schmutzdicht verschweißt werden.

Im Gegensatz zu Teppichboden oder Parkett können PVC-Bodenbeläge mit Wasser und geeigneten Pflegemitteln gereinigt werden. Sie sind pflegefreundlich, schmutzabweisend und fleckensicher.

Ökotip
Gute PVC-Beläge sind asbestfrei. Beim Kauf Ihres Belages sollten Sie unbedingt darauf achten, daß er mit dem vom Bundesamt für Umweltschutz freigegebenen Zeichen für astbestfreie Bodenbeläge gekennzeichnet ist.

PVC-Beläge gibt es heute für alle Bereiche des Wohnens, in allen Farben und unendlich vielen Mustern, als Rollenware und in Fliesenform. Wenn Sie einen elastischen Boden aus PVC verlegen wollen, müssen Sie vorher den dafür vorgesehenen Raum sehr genau ausmessen – auch in der Diagonalen – und eventuell eine kleine Maßskizze anfertigen. Der Verkäufer schneidet dann den von Ihnen ausgesuchten Belag mit dem entsprechenden Übermaß zu. PVC-Beläge eignen sich bestens für die Verlegung über Fußbodenheizungen!

Fertigparkett

Während man traditionelles Parkett in Einzelstäben oder -lamellen verlegt und erst danach schleift und versiegelt, bietet Fertigparkett den Vorteil, daß es in großen Elementen verlegt werden kann und keine Oberflächenbehandlung vorgenommen werden muß.

Fertigparkett-Elemente sind nach DIN 280 Teil 5 »industriell hergestellte, fertig oberflächenbehandelte (z.B. mit Kunstharzlacken versiegelte) Fußbodenelemente aus Holz, Holzwerkstoffen oder anderen Baustoffen, deren Oberfläche aus Holz besteht und unmittelbar nach der Montage keiner Nachbehandlung (z.B. Versiegelung) bedürfen«.

Fertigparkett ist aus verschiedenen verleimten Holzschichten aufgebaut. Hierbei sind die einzelnen Schichten im Verlauf ihrer Maserung gegeneinander versetzt. Durch diese »Sperrung« bleiben die Elemente formstabil. Dies ist ein Vorteil für die Verlegung: Fertigparkett-Elemente können in relativ großen Platten sowohl schwimmend, also ohne feste Verbindung zum Unterboden, verlegt, als auch mit dem Unterboden verklebt oder auf Lagerhölzer vernagelt werden.

Die Elemente sind rundum mit Nut und Feder versehen. Die Formstabilität und große Maßhaltigkeit garantieren ein paßgenaues Aneinanderfügen der einzelnen Platten. Fertigparkett kann überall verlegt werden. Durch den abgesperrten Aufbau können die Elemente so dünn gehalten werden, daß die Anschlüsse zu benachbarten Fußböden mit anderen Belägen völlig unproblematisch sind.

Fertigparkett-Elemente sind in den verschiedenen Verlegemustern im Handel. Die Abbildungen von oben nach unten zeigen: Schiffsboden, Tafel- und Flechtboden-Parkett.

Es gibt grundsätzlich zwei verschiedene Formate: quadratische Tafeln und rechteckige Tafeln. Je nach Hersteller sind die Maße dieser Tafeln unterschiedlich: quadratische Tafeln werden überwiegend in Stärken zwischen 10 und 26 mm und mit Seitenlängen von 200 bis 650 mm geliefert; rechteckige »Dielen« stehen in Stärken von 10 bis 24 mm, Breiten zwischen 117 und 200 mm und Längen von 233 bis 3640 mm zur Verfügung.

Schiffsboden

Würfelmosaik

Flechtboden

1

2

3

Fertigparkett-Elemente werden in Karton- oder Folienverpackungen zu transportgerechten, handlichen Einheiten zusammengestellt und gelangen hierdurch unbeschädigt und »klimatisiert« zur Baustelle. Bei ihrer Lieferung sollten sie nach DIN-Verordnung einen Holzfeuchtegehalt von 8% plusminus 2% aufweisen.

Nach DIN 280 Teil 5 kommen drei verschiedene Sortierungen in den Handel, die mit X, XX, XXX gekennzeichnet sind. Hierbei bedeutet:

XXX: An der Oberseite müssen die Fertigparkett-Elemente astriß- und splitterfrei sein; grobe Struktur- und Farbunterschiede sind unzulässig.

XX: Die Oberfläche kann Splint und lebhafte Strukturen aufweisen; gesunde Äste bis 2 mm Durchmesser sind erlaubt; ansonsten muß die Oberfläche ast- und rißfrei sein.

X: Der Charakter dieser Sortierung wird durch betonte Holzfarben, Äste und lebhafte Struktur bestimmt: die Oberfläche muß rißfrei sein.

Diese auf Eiche als häufigstes Parkettholz angewandte Bestimmungen gelten sinngemäß auch für die anderen Holzarten.

1–2 Bevor Sie sich zum Kauf von Fertigparkett-Elementen entscheiden, müssen Sie die Frage der Verlegung auf den vorhandenen oder einzubauenden Unterböden klären. Die schwimmende Verlegung, bei der die Elemente in Nut und Feder miteinander verleimt werden, bietet sich auf alten, bereits wärmeisolierten Unterböden (mit Teppich-, Stein-, Holz- oder Kunststoffbelägen) an. Sie wird ebenfalls auf Estrichen und auf trocken eingebrachten Unterkonstruktionen (Holzspanplatten, Gipsfaserplatten, Bitumenholzfaserplatten) angewendet. Für diese Verlegeart können Sie »dünne« Fertigparkett-Elemente (ab 10 mm) wählen, da das Parkett selbst keine Last tragen muß.

3 Bei einer Verlegung auf Lagerhölzern über Rohbetondecken benötigen Sie freitragende Elemente in einer Stärke von mindestens 20 mm. Die einzelnen Fertigparkett-Elemente werden in diesem Fall durch eine Nagelverbindung an den Lagerhölzern befestigt. Diese Art der Verlegung ist besonders dann geeignet, wenn Sie eine zusätzliche Dämmung einbringen wollen.

Fliesen für Böden und Wände

Das Angebot schöner Fliesen präsentiert sich in einer Vielfalt von Farben, Größen, Formen, Dekoren und Oberflächen. Hier läßt sich für jeden Geschmack etwas finden. Einige technische Aspekte der Keramik sollen Ihnen helfen, die richtige Auswahl für Ihre Dachwohnung zu treffen.

Die klassische Badezimmerfliese ist die **Steingutfliese.** Ihr relativ weicher Scherben und ihre nicht allzu strapazierfähige matte oder auch glänzende Glasur beschränken den Einsatz als Fußbodenbelag eindeutig auf den Bereich des barfuß oder mit weich besohlten Hausschuhen begangenen Privatbades. Die besondere Eignung als Bodenfliese wird zuweilen von den Herstellern durch ein Fußsymbol ausgestellt.

Wenn Sie einen strapazierfähigen Bodenbelag wünschen, sollten Sie erwägen, anstelle von Steingutfliesen glasiertes oder unglasiertes **Steinzeug** als Bodenbelag zu verwenden. Der Boden hält damit der häufigen Begehung mit Straßenschuhen, die nicht immer frei von kratzendem Schmutz sind, besser Stand. Diesem Vorteil stehen allerdings auch Nachteile gegenüber. So ist glasiertes Steinzeug bei Nässe relativ schlüpfrig.

Sicherheitstip
Ein sicherer Stand ist aber auf einfache Weise durch Verlegung kleinerer Formate zu erreichen, die über den erhöhten Fugenanteil dem Fuß mehr Griff bieten.

Beanspruchungsgruppen nach DIN-EN:

Gruppe I: Für das nicht besonders strapazierte private Bad genügen Fljesen der Abreibgruppe I bereits den Anforderungen.

Gruppe II: Für ein stärker beanspruchtes Bad oder die Küche empfehlen sich glasierte Steinzeugfliesen, die zumindest der Abreibgruppe II angehören. Die technische Entwicklung der letzten Jahre hat die Herstellung immer widerstandsfähigerer Glasuren ermöglicht, so daß die meisten Qualitätsfliesen mindestens der Abreibgruppe II entsprechen.

Gruppe III/IV: Bei Heimwerkerprogrammen für den Baumarkt werden glasierte Steinzeugfliesen deshalb heute zuweilen nur noch in zwei Kategorien, nämlich in leichte Beanspruchung (Abrieb-gruppe II) und mittlere bis stärkere Beanspruchung (Abriebgruppen III und IV) unterschieden.

Unglasiertes Steinzeug hat eine mikrorauhe Oberfläche, die sich in einer relativ guten Trittsicherheit positiv bemerkbar macht.

Sonderformen
Für bestimmte Verlegebereiche erhalten Sie Sonderformen und – formate, beispielsweise Sockelleisten und Kehlsockel, Fensterbank- und Treppenstufenplatten, Abdeck- und Schenkelplatten mit oder ohne Haftrillen sowie genoppte Anti-Rutsch-Profilplatten.

Leider können Sie längst nicht für jede Fliesensorte auch die entsprechenden Sonderformate erhalten.

Luxusbad unterm Dach

Sanitärzubehör für jeden Zweck

Eckventil

Röhrensiphon

Tassensiphon

Brauchwasserrohre

Qualitätsrohre aus PVC für erdverlegte Abwasser- und Kanalleitungen sowie für heißwasserbeständige Hausabflußleitungen sind problemlos zu verlegen. Sie sind sehr leicht, können also ohne Hebewerkzeuge transportiert werden. Steckverbindungen erübrigen den Einsatz von Werkzeug beim Zusammenbau. Die Steckverbindungen haben ferner einen Gummiring, der die zusammengesteckten Rohre gegeneinander vollkommen abdichtet. Das Lieferprogramm umfaßt in verschiedenen Durchmessern unterschiedliche Längen, Bögen, Abzweigungen, Stopfen etc. – also ein richtiges Baukastensystem. Das PVC-Material ist korrosionsbeständig, schwer entflammbar, exakt paßgenau, sehr beständig gegen aggressive Flüssigkeiten sowie heißes und kaltes Abwasser. Der Handel bietet viele Variationen von Geruchsverschlüssen für Waschmaschinen, Waschtische, Brausetassen und Badewannen an.

Zubehör

Tassensiphon in unübersehbarer Zahl finden Sie in den Baumärkten die verschiedensten Fabrikate für Brauseschläuche, Eckven-

tile für die Waschtischzuleitung mit verchromten Kupferrohren, ferner alle Arten von Schellen, Reduzierungen, Dichtungsbändern, Wasserhähne in allen Variationen, Mischbatterien auf Putz und unter Putz, Schlauchbinder und Perlsiebe.

Sanitärelementmontage an Ständerwänden

Werden beim Ausbau vom Dachgeschoß Trennwände in Ständerbauweise aufgestellt und sollen diese für Sanitärelemente gedacht sein, so ist auf entsprechende Stabilität zu achten. Für den Einbau von Waschtischzuleitungen genügt die einreihige Ständerbauweise. Die Ständer aus Holz- oder Metallprofilen sind entsprechend breit zu wählen, damit das dickere Abflußrohr plus Dämmstoff neben den anderen Leitungen Platz findet. Die Tragekonstruktion kann aus starken Kanthölzern selbst gebaut werden. Hierbei ist darauf zu achten, daß das Waschbecken direkt an den Ständern angeschraubt wird. Bei Verwendung von Metallprofilen empfiehlt sich der Einbau eines Stahlwinkelrahmens zur Aufnahme der Sanitärelemente. Dieser Rahmen ist als Bausatz individuell an die Erfordernisse anpaßbar und eine bewährte, auch für Holzständer geeignete Konstruktion.

Elastische Fugen

Wichtig für den Innenausbau, speziell in Feuchträumen wie Bad, Hauswirtschaftsraum, Küche, ist es, die Fugen zwischen Badewanne und Fliesen, zwischen Waschbecken und Wand etc. optimal abzudichten, damit keine Staunässe auftreten kann und die darunterliegende Etage in eine Tropfsteinhöhle verwandelt. Als idealer Werkstoff für dauerelastisches und zuverlässiges Abdichten von Fugen hat sich Silikondichtmasse erwiesen. Sie ist leicht aufzutragen, schnell aushärtend, absolut dicht und wird in den verschiedensten Farben angeboten. Das Einsetzen von Brausetassen in die Unterkonstruktion soll vor dem Verfliesen des Naßraumes geschehen. Achten Sie auf den korrekten Anschluß des Abflusses, lassen Sie sich Zeit. Das spart so manchen Ärger, den undichte Abflüsse mit sich bringen. Ist die Brausetasse sicher in den Sockel eingelassen worden, kann mit dem Verfliesen des Bodens und der Wände begonnen werden. Eventuell sollten Sie

Modische Badarmaturen

die Untergründe vorher noch mit einem speziellen Vorstrich gegen Feuchtigkeit sperren.

Nach dem Verfliesen und Verfugen der Keramik werden die Anschlußfugen zwischen Wand, Fliesen und Brausetassen mit einer Silikondichtmasse dauerhaft und elastisch verfugt. Die Silikondichtmasse sollten Sie stets in einer mit den Fliesen harmonierenden Farbe wählen.

Armaturen

Was Design und technische Ausstattung von Armaturen betrifft, zeigt der Fachhandel eine breite Palette. Was die technische Ausstattung betrifft, muß man in Armaturen mit zwei Ventilen – getrennt für Heiß- und Kaltwasser, Einhandmischer und Thermostat-Batterien, die eine vorgewählte Wassertemperatur einhalten – unterscheiden.

Die wichtigsten Werkzeuge

Auf diesen beiden Seiten finden Sie Kurzbeschreibungen der wichtigsten Werkzeuge, die Sie zum Dachgeschoßausbau benötigen. Welche Werkzeuge Sie für die einzelnen Arbeitsanleitungen brauchen, können Sie den Symbolkästen entnehmen, die jeder Anleitung vorangestellt sind.

Werkzeuge zum Messen

1

1 Zollstock: Ein Universalwerkzeug, das in keinem Haushalt fehlen darf.

2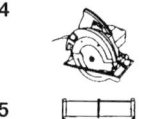

2 Wasserwaage: Mit ihr können Sie senk- und waagrechtes Einmessen von Lattung und Verkleidung vornehmen.

3

3 Senklot: Zum Bestimmen vertikal übereinanderliegender Punkte.

Werkzeuge zum Sägen und Schneiden

4

4 Handkreissäge: Für alle Holzarbeiten ist eine leistungsfähige Handkreissäge hilfreich. Ratsames Zubehör: Sägetisch und Wanknuteinrichtung.

5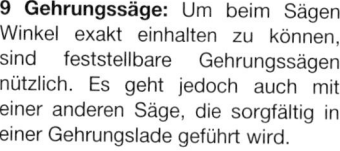

5 Tischlersäge: Zum Sägen von Profilholz.

6

6 Fuchsschwanz: Eignet sich zum Ablängen aller Arten von Kanthölzern und Latten.

7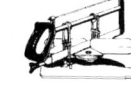

7 Feinsäge: Zum Ablängen von Leisten und Latten sowie zum Einschneiden von Profilbrettern und Schindeln etc.

8

8 Steinsäge: Zum Schneiden von Porenbetonsteinen.

9

9 Gehrungssäge: Um beim Sägen Winkel exakt einhalten zu können, sind feststellbare Gehrungssägen nützlich. Es geht jedoch auch mit einer anderen Säge, die sorgfältig in einer Gehrungslade geführt wird.

Werkzeuge zum Befestigen

10

10 Elektrobohrmaschine: Zum Bohren von Löchern in Holz (zum Bohren in Stein oder Beton braucht man unbedingt eine Schlagbohrmaschine).

11

11 Steinbohrer: Zum Bohren von Dübellöchern in Wände und Decken aus Stein, Beton und anderen harten Materialien. Sie haben speziell aufgeformte Spitzen, die sie zu diesem Zweck besonders geeignet machen.

12

12 Holzbohrer: Zum Bohren von Löchern in Holz. Durch die Zentrierspitze lassen sie sich besonders gut führen. Zu beachten: Beim Bohren in Stein werden Holzbohrer sofort unbrauchbar.

13

13 Metallbohrer: Praktisch zum Bohren von Löchern in Metallschienen (z.B. Aluprofile). Auch sie sollten nicht für andere Materialien verwendet werden.

14

14 Nagelhalter (auch Hobby-Nagler). Sie haben ein Führungsprofil und Zielmagnete, die die paßgenaue Befestigung von Profilbrettkrallen besonders erleichtern.

15

15 Versenkstift: Zum Versenken von Nägeln, die nur leicht unter die Holzoberfläche getrieben werden sollen und zur Vermeidung von Schäden am Holz beim Nageln von kleinen Nägeln.

16

16 Tacker: Zum Einschießen von Takkerklammern oder -stiften in Holz. Geeignet für viele Befestigungen.

17

17 Schraubzwinge: Häufig werden beim Sägen oder Befestigen von Verkleidungen Schraubzwingen zur Befestigung eingesetzt. Man sollte darauf achten, daß es durch zu festes Anziehen der Schraube nicht zu Beschädigungen kommt (eine Unterlage aus Holz ist ratsam).

18 Inbusschlüssel: Nötig zum Festschrauben spezieller Inbusschrauben und -muttern. Er ist in Bausätzen meist enthalten, aber auch in allen gängigen Einzelgrößen und als Satz erhältlich.

19 Schraubervorsatz: Automatisch auskuppelnder Schrauber zum Einspannen ins Bohrfutter. Ideal beim trockenen Innenausbau.

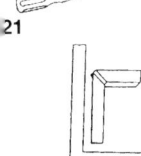

20 Schraubenzieher: Die wichtigsten Profilformen sind Schlitz, Kreuzschlitz.

21 Anschlagwinkel: Mit dem Anschlagwinkel behelfen Sie sich, wenn Sie winkelgenau sägen müssen. Sie können ihn so ansetzen, daß er sich nicht verschiebt, und genau im rechten Winkel zugleich in Breite und Tiefe anreißen.

Werkzeuge zur Oberflächenbehandlung

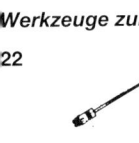

22 Beizpinsel: Zum Auftragen von Beizen werden spezielle Pinsel verwendet, deren Borsten nicht in Metall gebunden sind, denn bei Metallkontakt können sich Beizen verfärben.

23 Anstreich- bzw. Lammfellrolle: Zum gleichmäßigen Auftragen von Farbe.

24 Deckenbürste: Zum Auftragen von Grundierungen. Garantiert besseres Eindringen der Farbe als mit der Rolle.

25 Schaumstoffwalze: Sie dient zum Lackieren mit wasserhaltigen Acryllacken; kann auch zum Auftragen von

Teppichfixierungen verwendet werden.

26 Zahnspachtel: Zum Auftragen von Klebern in verschiedenen Zähnungen erhältlich.

27 Glättkelle: Rechteckige Kelle mit Griff in der Mitte zum Glätten von Putz- und Mörtelflächen.

28 Mörtelkelle: Bei vielen Vorarbeiten, insbesondere bei Estricharbeiten, benötigen Sie eine Maurerkelle.

29 Reibebrett: Dient zum Strukturieren und Glätten von Reibeputzen.

30 Rührer: Spindel mit Mischkorb zum Mischen von Mörteln, Putzen, Klebern und Farben; wird in die Elektrobohrmaschine eingespannt.

31 Spachtel: Stielspachtel zum Ausbessern von Putzflächen mit Füllstoff und zum Abkratzen von Farben und Tapeten.

Werkzeuge zum Fliesenlegen

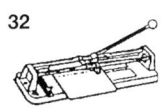

32 Fliesenschneidemaschine: Zum präzisen Schneiden von Fliesen mit Diamantschneiderad und Anschlaglineal macht sich bei größeren Arbeiten bezahlt.

33 Zahnkelle: Zum Aufziehen und Durchkämmen von Klebern; in verschiedenen Zahnungen erhältlich.

34 Fugengummi: Zum Einrakeln der Fugenmasse in die Fugen; wird unter leichtem Druck im Bogen über die Fliesen geführt.

35 Papageienschnabel oder Fliesenlochzange: Zum Ausarbeiten von Aussparungen und Durchbrüchen in Fliesen; bei Durchbrüchen zuerst ein größeres Loch zum Ansetzen bohren!

Grundregeln für den Innenausbau

1

und Decken verkleiden, sondern in Ständerbauweise auch Wände einziehen. Die Platten werden in verschiedenen Größen geliefert auch als Feuerschutz- und Feuchtraumplatten; ebenso auch als Verbundelemente mit Dämmstoffauflage und als Trockenunterboden (Estrich im Handel).

Holz ist wohl der wichtigste Baustoff für den Innenausbau. Bei fachgerechter Auswahl und richtigem Einsatz ist Holz der ideale Baustoff für Böden, Decken und für tragende Konstruktionen. Im Handel ist massive oder auf Trägermaterial auffurnierte Ware erhältlich. Die Abbildungen **1** und **2** zeigen, wie vielfältig Holz im Innenausbau des Dachgeschosses einsetzbar ist.

Hier wollen wir Ihnen kurz die wichtigsten Mittel für den Selbstausbau Ihres Dachgeschosses im Überblick vorstellen:

Der Dachgeschoßausbau beginnt immer mit der entsprechenden **Isolierung.** Dämmstoffmaterial aus Mineralfaser in Platten- oder Bahnenform verschiedener Dicke oder Breite, auch aluminiumka-

schiert, ist für den Selbstausbau am besten geeignet. Bei der Verkleidung haben Sie vielfältige Möglichkeiten: Holz oder Gipsbauplatten bieten sich hier an.

Mit **Gipsbauplatten** aus Gipskarton oder Gipsfaser sind fast alle Ausbau- und Umbauarbeiten einfach zu bewerkstelligen. Sie können damit nicht nur Wände

Fenster sind ein wesentliches Gestaltungselement eines jeden Raumes. Fertigfenster entsprechen durchweg den Wärmeschutzvorschriften durch Zwei- oder Dreifachverglasung.

Kachelöfen, Kaminöfen und Kamine im Bausatz werfen keine Probleme auf. Angesichts des vielfältigen Angebots sollten Sie sich beraten lassen.

Fußböden müssen die unterschiedlichsten Anforderungen erfüllen: von strapazierfähig und schön bis pflegeleicht. Fußbodenbeläge gibt es aus Stein, Keramik, Holz, Textil, Kunststoff, und alle haben ihre speziellen Vor- und Nachteile (vgl. S. 42ff.).

Küchen sind Feuchträume, und das muß beim Ausbau berücksichtigt werden. Am besten informieren Sie sich bei Küchenausstellungen eingehend über Funktion und Arbeitsabläufe sowie über Küchengeräte und -maschinen.

Badezimmer bedürfen eines besonderen Feuchtigkeitsschutzes an Boden und Wänden; darauf ist schon vor dem Verfliesen und dem Einbau der Sanitärelemente zu achten. Die Auswahl an Badeeinrichtungen ist so groß, daß Sie sich unbedingt Ausstellungen und Musterbäder ansehen sollten, bevor Sie eine Entscheidung fällen.

Die Vorausplanung des Innenausbaus ermöglicht Ihnen, vorab eine genaue Übersicht über Kosten und Aufwand anzustellen. Sie sollte immer schriftlich fixiert werden. Am besten ist es,

2

wenn Sie sich mehrspaltige Materiallisten anlegen, damit Sie Kostenangebote besser vergleichen können.

Vorschriften und Gesetze sind auch beim Innenausbau besonders zu beachten. Das gilt sowohl beim Einbau von Heizungsanlagen als auch beim kompletten Einbau einer Wohneinheit ins Dachgeschoß.

Türen für den Innenbereich gibt es in Norm- und in Sondergrößen aus Holz, Metall und Kunststoff. Tür- und Fensterzargen werden heute mit Montageschaum befestigt.

Treppen für den Selbstausbau werden meist als Wendel- oder Spindeltreppen angeboten, die selbst aufzustellen und zu montieren sind.

Räume richtig planen

Wenn Sie einen Raum einrichten oder abteilen wollen, müssen Sie weitreichende Planungen anstellen. Für welchen Zweck wollen sie den Raum nutzen? Am besten ist es, wenn Sie sich eine Liste anfertigen, in der Sie den gesamten Raumbedarf kurz beschreiben. Dann nehmen Sie Millimeterpapier und Bleistift sowie einen Radiergummi und ein Lineal, und dann kann mit der Raumplanung begonnen werden.

Zeichnen Sie immer maßstabgerecht, also 1 cm entspricht 1 m (Maßstab 1:100) oder 2 cm entsprechen 1 m (Maßstab 1:50).

Zeichnen Sie lieber zu groß als zu klein, damit auch die Details wie Steckdosen, Lichtschalter etc. in Ihrer Grundrißzeichnung noch Platz haben. Wenn Sie professionell vorgehen wollen, dann verwenden Sie eine maßstabgerechte Symbolschablone. Sie erhalten sie in besseren Schreibwarengeschäften und sie ermöglicht eine saubere Zeichnung.

Profitip

Eine weitere gute Möglichkeit, ein Raumprogramm zu entwerfen, ergibt sich, wenn man alle Einrichtungselemente maßstabgetreu aufzeichnet und ausschneidet. So können Sie innerhalb des Umrisses alle Möbel und Wände so lang hin- und herschieben, bis sich die zufriedenstellendste Lösung ergibt. Hierzu ist es vorteilhaft, wenn Sie einen Fotokarton verwenden.

Ist die Planung abgeschlossen, wird die Materialliste erstellt. Legen Sie die Liste dem Arbeitsablauf entsprechend an. Verzeichnen Sie zunächst die Grobarbeiten: Stemmen, Aufreißen, Mauern bzw. Ständerbauwände einziehen, Elektrik, Verputzen. Dann folgen die Feinarbeiten: Fußböden legen, Wände streichen, Tapezieren, Leuchten anbringen, Möblieren. Zu den jeweiligen Hauptpunkten legen Sie eigene Listen an, auf denen Sie die Materialien und die jeweils erforderlichen Mengen im einzelnen festhalten.

Im Zweifelsfall fragen Sie lieber einmal öfter den Fachmann, sei es der Architekten oder den Baustoffhändler. Gute Beratung ist unverzichtbar – durch sie vermeiden Sie schon im voraus Kalkulationsfehler.

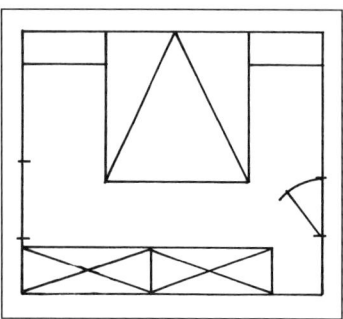

Schlafzimmer

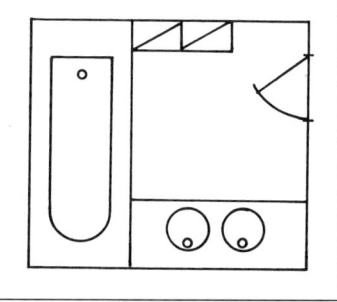

Badezimmer

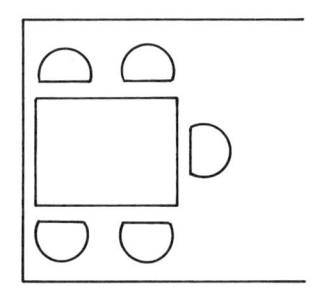

Eßecke

Mauern und Verputzen

Mauersteine gibt es in den verschiedensten Formaten und Materialien. Die am häufigsten verwendeten Bausteine sind Kalksandsteine, Leichtbeton-Hohlblocksteine bzw. Vollsteine aus Bims, Hüttenbims, Schlacke, Ziegelsplitt, Porenbeton und Leichtziegel. Beim Ausbau Ihres Dachgeschosses werden Sie in erster Linie nichttragende Wände und Raumteiler aufbauen. Es empfiehlt sich deshalb, Steine und Formate so zu wählen, daß möglichst einfach und schnell gemauert werden kann.

Für den Ausbau des Dachgeschosses kommen in erster Linie Porenbetonsteine in Frage. Diese sind besonders leicht und stellen so keine besonders große Anforderungen an die Statik des Bodens.

Wenn Sie Porenbetonsteine verwenden, empfiehlt sich die Benutzung von passendem Dünnbettmörtel, den es bereits fertig im Baustoffhandel gibt. Dieser braucht nur noch im richtigen Verhältnis mit Wasser angerührt zu werden, danach ist er verarbeitungsfähig.

1 Nachdem die Statik des Fußbodens geprüft und der Mauerriß angezeichnet wurde, wird mit der Plankelle der Dünnbettmörtel auf den sauberen, ebenen Boden aufgetragen. Dann werden die Steine mit Wasserwaage und Richtschnur entlang der angezeichneten Linie ins Mörtelbett gesetzt. Maßgenaues Zuschneiden ist mit einem alten Fuchsschwanz oder einer Spezialsäge ganz leicht. Bei jedem Stein müssen Sie die Stoß- und die Lagerfuge mit Mörtel versehen.

2 Wenn Sie die erste Reihe gesetzt haben, kann die nächste ohne Pause schon darauf gebaut werden, wobei Sie darauf achten müssen, daß die Mindestüberdeckung der Stoßfugen 10 cm beträgt und Unebenheiten mit einem Schleifbrettchen ausgeglichen werden. Stoß- und Lagerfuge müssen stets mittels Mörtelkelle mit Mörtel versehen werden.

3 So können Sie zügig Reihe auf Reihe setzen, bis Sie die Wände in gewünschter Weise fertiggestellt haben. Sie müssen hierbei in jeder Reihe in gleicher Weise vorgehen und immer wieder die Wasserwaage zu Hilfe nehmen. An Mauerecken und -enden (z.B. an Türauslassungen) sollten Sie ein Lot benutzen.

1

2

3

4

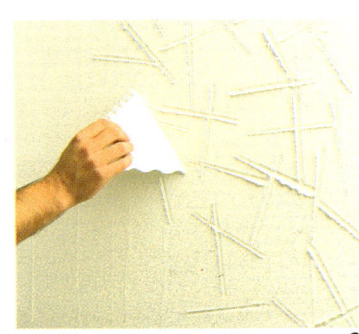

6

5

7

Den Reibeputz gründlich mit Hilfe eines Rührvorsatzes an der elektrischen Bohrmaschine durchrühren.

6–7 Der Reibeputz wird mit einer Glättkelle in Kornstärke aufgetragen und sofort nach dem Auftragen innerhalb der nächsten 20 Minuten strukturiert. Die Struktur ergibt sich durch verschiedene Reibtechniken – senkrecht, waagerecht, diagonal oder im Kreise – z.B. mit einem Reibebrett, Kunststoffglätter oder einer speziellen Plexiglasscheibe. Fenster, Türen und Fußböden vorher gut abdecken.

Nach dem Auftragen wird der Putz mit der Kelle auf Kornstärke abgezogen und kräftig gerieben.

Der Putz haftet sofort, da fällt Ihnen fast nichts auf den Boden.

4–5 Eine besonders attraktive Alternative, Wände zu gestalten, bietet Reibeputz oder Rollputz. Hierbei handelt es sich um eine neue Putzlinie, die sich vor allen Dingen durch hohen Weißgrad, leichte Verarbeitbarkeit und große Haltbarkeit auszeichnet. Der Putz haftet sicher, ist sehr widerstandsfähig, lichtecht und leicht aufzutragen.

Rollputz wird mit einer Rolle strukturiert. Um Reibeputz aufzutragen, muß der Untergrund tragfähig, rißfrei, sauber und trocken sein. Eine eventuell vorhandene Dispersionsfarbe müssen Sie vorher abwaschen und die Wand gut trocknen lassen. Ölfarbenanstriche müssen zumindest angeschliffen werden, bevor Sie den Putz aufbringen können.

Profitip
Eine spezielle Grundierung ist dann notwendig, wenn Ihre Wandoberfläche aus Kalk- oder Zementputz, Beton, Gipsputz, Gipskartonplatten besteht, einen Farbanstrich trägt oder einen dunklen Untergrund bietet.

Dämmen Schritt für Schritt

Zum Einbauen von Dämmstoffen benötigen Sie folgende Werkzeuge: Säge mit feiner Zahnung für feste Dämmstoffplatten, ein Messer für Mineralfaserdämmstoffe (gut eignen sich scharfe Küchenmesser mit feinem Wellenschliff), Zollstock, Hammer, Beißzange, Tacker und ein grober Zahnspachtel, wenn die Dämmstoffplatten geklebt werden sollen.

1 Bei dem Aufbau der Unterkonstruktion müssen Sie darauf achten, daß die Lattenabstände etwa 1–2 cm kleiner bemessen sind als die standardmäßigen Breiten der gewählten Dämmstoffart. So vermeiden Sie unnötigen Dämmstoffverschnitt und sparen Arbeitszeit. Der Dämmstoff braucht also jetzt nur noch auf die erforderliche Länge abgeschnitten zu werden. Wenn Sie allerdings nicht auf die jeweils günstigsten Abstände geachtet haben, so müssen Sie den Dämmstoff auch in der Breite zuschneiden. Beachten Sie hierbei, daß die Platten oder Bahnen nach dem Zuschnitt 1–2 cm breiter ausfallen sollen als die bestehenden Lattenabstände. Durch diese Maßnahme liegen die Dämmstoffe fest an den

Latten an. Feste Dämmstoffplatten halten, wenn sie genau eingepaßt werden, von selbst. Mineralfaserfilze mit Aluminiumkaschierung haben eine überstehende, nagelfeste und klebbare Randleiste, die zur Befestigung dient.

2 Beginnen Sie mit dem Verlegen von festen Dämmstoffplatten immer von unten. Die auf 1-2 cm Überbreite geschnittenen Platten klemmen Sie unter Druck zwischen die Lattung. Verwenden Sie zunächst nur ungeschnittene Platten in ihrer vollen Länge. Bei schrägen Decken im Dachgeschoß lassen sich zum Schluß oft leicht aus einer ganzen Platte zwei oder mehr passende Teile für den Anschluß an die Decke schneiden.

Mit dem Befestigen von Mineralfaserfilzen beginnen Sie immer von oben. Mit einigem Geschick können Sie diese Arbeit auch alleine durchführen. Zu zweit ist es allerdings wesentlich einfacher. Auch hier werden die Dämmstoffbahnen zwischen die Lattung, bzw. zwischen die Dachsparren gepreßt. Während ein Mitarbeiter nach unten hin die Bahn auf Spannung hält, kann

1

2

der andere sie mit dem Tacker oder mit Dachpappnägeln befestigen. Verwenden Sie die Bahnen fortlaufend, indem Sie sie dicht aufeinanderstoßen.

Bei Zwischenwänden aus Leichtmetallstützen können Sie die Dämmstoffplatten in die dafür vorgesehenen Führungsprofile der Stützen einklemmen.

Achten Sie darauf, daß alle Einzelplatten dicht aufeinander stoßen. Eine gute Möglichkeit zur Vermeidung von **Kältebrücken** ist auch die Verlegung in zwei Schichten. Hierbei werden die Dämmstoffplatten zueinander versetzt angeordnet. Beginnen Sie bei der Verlegung der ersten Schicht immer von unten her mit einer ganzen Platte und bei der zweiten Schicht mit einer halben Platte. Auf diese Weise werden alle Stöße überdeckt.

Bei innenseitigen Außenwänden im Dachgeschoß und in Feuchträumen ist zwischen der Dämmstoffschicht und der Holzverkleidung eine **Dampfsperre** erforderlich, damit kein Schwitzwasser in die Dämmung eindringen kann.

3 Aluminiumkaschierte, mit den Randleisten überlappt befestigte Dämmstoffbahnen erfüllen diese Anforderung. Die Aluminiumkaschierung dient bei diesen Matten gleichzeitig als Windabdichtung und Dampfbremse. Sie wird mit Tackerklammern links und rechts an den Sparren im Abstand von 10 bis 15 cm gut befestigt.

In allen anderen Fällen wird über der Dämmstoffschicht eine großformatige **Polyäthylen-Folie** befestigt. Setzen Sie alle 5–10 cm eine Tackerklammer und lassen Sie die Anschlußbahnen auf der vollen Breite der jeweiligen Latte überlappen. Zum Schluß erst schneiden Sie die Folie mit einem Teppichmesser paßgenau ab.

4 Bei nicht hinterlüfteten Verkleidungen können Sie nun mit dem Befestigen der Profilbretter, der Paneele oder den Gipsbauplatten beginnen. Hinterlüftete Verkleidungen erfordern zusätzlich einen Hohlraum von 2–3 cm zwischen Dämmstoffschicht und Verkleidung. Hierzu wird zunächst eine **Konterlattung** befestigt; auf dieser wird dann erst die endgültige Verkleidung befestigt.

3

4

Auch wenn Sie die Außenwände Ihres Hauses noch so gut gegen Wärmeverluste gedämmt haben, geht ein großer Teil teurer Wärmeenergie immer noch durch die Geschoßdecken zum Dach hinaus. Bei nicht oder schlecht isolierten Dächern pfeift im Winter der kalte Wind zwischen den Dachziegeln hindurch.

Für den nachträglichen Ausbau von Dachgeschossen werden seit 1984 erhöhte gesetzliche Anforderungen nach der **Wärmeschutzverordnung** gestellt, die insbesondere folgende Maßnahmen notwendig machen:

5

Der Wärmedurchgangskoeffizient von Dachschrägen und Decken unter nicht ausgebauten Dachräumen sollte höchstens ca. 0,30 W (m² + k) betragen. Diese Forderung kann beispielsweise durch den fachgerechten Einbau einer 140 mm dicken Mineralfasermatte der Wärmeleitfähigkeitsgruppe 035 erfüllt werden.

Die wärmeübertragenden Außenflächen eines Gebäudes (Wände und Dächer) sollen luftdicht sein. Aluminiumkaschierte Dämmstoffe erfüllen diese Forderung nur dann, wenn die Einzelbahnen überklebt und die wandseitigen Anschlußstellen ausreichend luftdicht ausgeführt werden. Die sicherste Dichtung gegen Luftzug ist immer eine großflächige, allseitig befestigte, an den Überlappungen überdichte Polyäthylen-Folie, die Luftdurchlaß verhindert.

Nicht belüftete Dächer müssen mit einer Dampfsperrschicht unter der Wärmedämmung versehen sein. Auch diese Forderung kann durch den fachgerechten Einbau aluminiumkaschierter Dämmstoffe bzw. von Polyäthylen-Folien unter der Dämmschicht erfüllt werden.

5 Wenn Sie einen Dachraum ausbauen wollen, so gehen Sie, um eine gute Wärmedämmung zu erreichen, folgendermaßen vor: Vermessen Sie genau die lichten Sparrenabstände Ihres Daches. Beachten Sie, daß diese Abstände nicht überall gleich sein könnten!

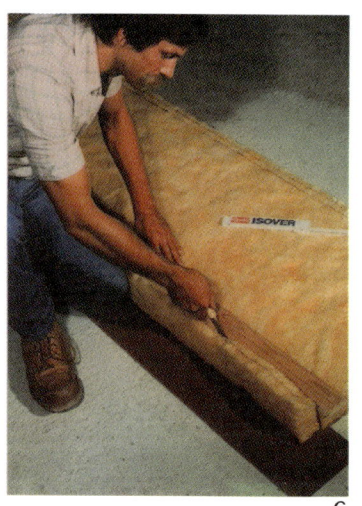

6

7

Insbesondere an den Giebelwandanschlüssen oder im Bereich von Kaminen sind oftmals unterschiedliche Abstände vorhanden.

Profitip
Legen Sie bei aluminiumkaschierten Mineralfasermatten vor dem Zuschneiden unter die im Randbereich nicht verklebte Aluminiumfolie ein dünnes Brett (z.B. Hartfaserplatte), um zu verhindern, daß Sie die überstehende Kaschierung versehentlich mit dem Messer beschädigen.

6 Schneiden Sie den Dämmstoff, auch feste Dämmstoffplatten aus Polystyrol-Hartschaum, grundsätzlich ca. 2 cm breiter zu, als Sie den lichten Sparrenabstand ausgemessen haben. Mineralfasermatten schneiden Sie mit einem geeigneten Messer entlang einer Holzleiste. Feste Dämmstoffplatten sägen Sie mit einem feingezahnten Fuchsschwanz entlang der angegebenen Linie.

Befestigen Sie aluminiumkaschierte Mineralfasermatten an der überstehenden, verstärkten Randfolie. Setzen Sie hierbei etwa alle 10 cm eine Tackerklammer oder einen Dachpappenstift.

Feste Dämmstoffplatten werden zwischen die Sparren gepreßt. Die Anschlußplatten müssen hierbei dicht gestoßen werden, um Kältebrücken zu vermeiden.

7 Kleben Sie über die Bahnenstöße von Mineralfasermatten die dazugehörigen, geeigneten Folienklebestreifen. Durch diese Maßnahmen dichten Sie die Nahtstelle wirkungsvoll ab.

Bei einer Verwendung von festen Dämmstoffplatten spannen Sie über die gesamte Fläche eine geeignete Polyäthylen-Folie, die Sie in kurzen Abständen mit Tackerklammern oder Nägeln auf dem Dachsparren befestigen.

An den Wandanschlüssen ist es notwendig, die Aluminiumkaschierung bzw. die Polyäthylen-Folie an angedübelten Leisten (Dachlatten) zu befestigen.

Hierdurch wird erreicht, daß die Kaschierung bzw. die Folie an derselben Wand befestigt wird, die Sie gedämmt haben.

Trittschalldämmung einbauen

Dachräume sind meistens nicht trittschallisoliert, da insbesondere in Altbauten eine Nutzung ursprünglich nicht vorgesehen war. Hier helfen Trittschalldämmplatten, die unter Trockenestrichplatten (z.B. Holzspanplatten) verlegt werden.

1 Um eine Übertragung des Trittschalls auf die Wände zu vermeiden, werden zunächst Dämmstoffrandstreifen ringsum an den Wänden aufgestellt.

Dann werden die Trittschalldämmplatten verlegt; achten Sie darauf, daß keine Kreuzfugen entstehen! Hierzu ist es zweckmäßig, wenn Sie in der ersten Reihe mit einer ganzen Platte beginnen; die letzte Platte dieser Reihe werden Sie dann vermutlich zuschneiden müssen. Den Restabschnitt verwenden Sie dann als erste Platte der zweiten Reihe. Hier wird dann wieder eine ganze Platte angelegt. Wichtig ist, daß Sie die Platten fugendicht stoßen.

Auf diese Weise wird die ganze Bodenfläche des Raumes lückenlos mit Trittschalldämmplatten ausgelegt. Wenn zusätzlich eine verstärkte Wärmedämmung gewünscht wird, so verlegt man über den Trittschall- noch Wärmedämmplatten.

Speziell vorverdichtete Estrichdämmplatten drücken sich nach dem Verlegen nicht mehr stark zusammen.

2 Der fachgerechte Einbau von Holzspanplatten (Dicke 22 mm) ist einfach, wenn man sich folgende Arbeitsweise zu eigen macht: Die Platten werden in fallenden Längen verlegt, so daß keine Kreuzfugen entstehen.

Eine feste Verbindung der Platten untereinander erfolgt durch Verleimen in der Nut. Damit der Trittschallschutz auch gewährleistet ist, dürfen die Platten nicht mit dem Fußboden verschraubt werden.
Zum Schluß füllen Sie die Plattenfugen mit einer nicht wasserhaltigen Spachtelmasse aus.

Profitip
Holzspanplatten trocknen schnell aus und können sich dadurch wölben; eine umgehende Verlegung ist ratsam.

1

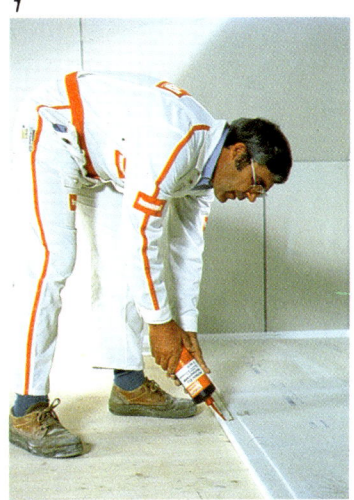

2

Fußboden erneuern

Der Ausbau von Altbau-Dachge-schossen erfordert fast immer den Einbau neuer Unterböden.
Sind die alten Decken weiterhin tragfähig und kann eine Erhöhung des alten Fußbodenni-veaus um einige Zentimeter hin-genommen werden, so bietet sich der Einbau von Gipsfaser-Estrichverbundplatten über Trockenschüttung als sinnvolle Lösung an.

Trockenschüttungen bestehen aus gekörntem Material (z.B. aus Blähton oder geblähtem Perlitge-stein) mit einer Teilchengröße zwischen 1 und 6 mm. Das Material wird in Säcken geliefert, die Sie aufgrund des niedrigen Materialgewichts auch in höchst-gelegene Dachgeschosse trans-portieren können.

Beachten Sie, daß das Schüttgut beim Einbringen vollkommen trocken sein muß. Es sollte also entsprechend gelagert werden.

Weitere wichtige Eigenschaften sind: hohe Druckbelastbarkeit, gesundheitliche Unbedenklich-keit, Geruchlosigkeit und eine sehr niedrige Wärmeleitfähigkeit.

Der große Vorteil von Trocken-schüttungen besteht darin, daß sie kleine Unebenheiten, aber auch große Niveauunterschiede

(z.B. bei tragfähigen, aber durch-hängenden Decken), ausglei-chen. Es spricht nichts dagegen, Rohre und Leitungen (Warmwas-serrohre mit der entsprechenden Dämmung!) innerhalb der Schüt-tung zu verlegen.

Trockenschüttungen bewirken in Verbindung mit zusätzlichen schalldämmenden Materialien (Trittschalldämmplatten) eine hervorragende Schalldämmung.

Der eigentliche Unterboden aus **Gipsfaser-Estrichelementen** wird »schwimmend« auf der Schüttung verlegt. Hierbei werden die Platten lediglich untereinander verklebt und miteinander zu einer großen, ebenen und zusammenhängenden Bodenfläche mit Schrauben ver-bunden. Auf solch hervorragend gedämmten Unterböden lassen sich alle gängigen Bodenbeläge fachgerecht verlegen.

Auf ebenen Holzböden können Gipsfaser-Estrichelemente natür-lich auch ohne Schüttung verlegt werden.

1 Um eine Übertragung von Tritt-schall auf die benachbarten Wände zu vermeiden, stellen Sie an den Rändern der Verlege-flächen Randstreifen aus Poly-styrol-Hartschaum auf.

Die Platten werden in fallenden Längen verlegt. Hierbei beginnt man mit einer ganzen Platte an einer Ecke der Bodenfläche und verwendet als Anfangsplatte der zweiten Reihe das Reststück der ersten Reihe. Die Platten sollten mit dem vom Hersteller empfoh-lenen Kleber miteinander ver-klebt werden.

2 Legen Sie die Platten in das fri-sche Kleberbett ein, und achten Sie dabei auf fugendichten Anschluß.

Das Reststück der vorangehen-den Reihe nehmen Sie immer als Anfangsstück der neuen Reihe. Auf diese Weise vermeiden Sie Kreuzfugen und unnötigen Ver-schnitt. Die Platten der letzten Reihe müssen Sie vermutlich auch in der Breite zuschneiden. Als letztes verschrauben Sie die Platten noch miteinander und überspachteln die Plattenfugen.

3 Bevor Sie das Dämmaterial auf der Trockenschüttung verlegen, reinigen, versenken Sie hervorste-

3

hende Nägel und Schrauben. Bei geringen Schütthöhen sollten auch überstehende Astknoten auf alten Dielenböden abgehobelt werden.

4 Betonrohdecken erfordern unter der Schüttung eine Feuchtigkeits-sperre. Verwenden Sie hierzu eine 0,2 mm dicke Polyäthylen-Folie, wobei Sie die Stöße benachbarter Bahnen um mindestens 30 cm überlappt ausführen.

Sicherheitstip
Auf Holzböden und über Holz-balkendecken darf auf keinen Fall eine solche dampfdichte Folie verlegt werden. Dort könnten durch sich stauende Feuchtigkeit Fäulnisprozesse und Pilzbefall im Holz begün-stigt werden.

Bei größeren Fugen im Holz-boden ist als Rieselschutz eine dampfdurchlässige Pappe ein-zubringen.

An den Wänden sollte die Folie so weit hochstehen, daß sie über den vorgesehenen Bodenbelag übersteht. Sie wird später bündig abgeschnitten.

Auch hier müssen Sie die Tritt-schallübertragung vom Unterbo-den auf die benachbarten Wände verhindern: Ein Dämmstoffrand-streifen muß ringsum an den Wän-den sorgfältig aufgestellt werden.

4

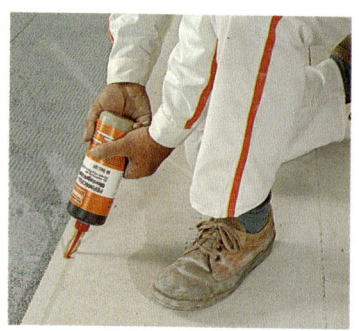

5

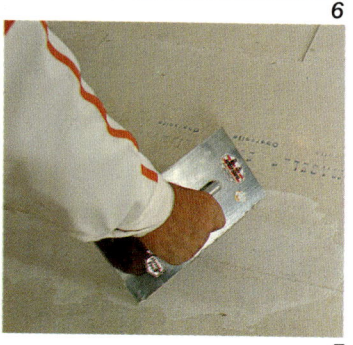

6

7

Anschließend nivelliert man mit Hilfe der Wasserwaage Dachlatten oder wenn nötig Kanthölzer auf die vorgesehene Höhe der Trockenschüttung ein. Beginnen Sie an der Seite des Raumes, die der Tür gegenüberliegt.

Markieren Sie an den umliegenden Wänden im Abstand von 2 m mit dem Bleistift eine Linie auf 1 m Höhe (Meterriß). Messen Sie dann von dieser Linie herab auf die vorgesehene Höhe der Schüttung und zeichnen Sie hier die Schütthöhe an.

Beim Einrichten der Abziehlehren (Kanthölzer) verwenden Sie diese Linie als Orientierungshilfe.

Nachdem Sie die Dämmstoffkörnung zwischen den Lehren ausgeschüttet und grob verteilt haben, wird das Schüttgut verdichtet. Dieser Arbeitsgang ist nur beim Ausgleichen größerer Höhendifferenzen notwendig.

Zum Verdichten verwendet man am einfachsten einen Spanplattenabschnitt, den man mit dem Fäustel fest auf dem Schüttgut anklopft.

Zum Schluß wird das Schüttgut mit einem geraden Brett über die Lehren planeben abgezogen.

5 Gehen Sie beim Verlegen der Gipsfaserelemente genau so vor wie unter 1 bis 4 beschrieben.

Profitip
Stehen Sie immer auf den bereits verlegten Platten, damit Sie die Schüttung nicht beeinträchtigen.

Wie Sie den Kleber verarbeiten müssen, können Sie der vom Hersteller beigegebenen Gebrauchsanleitung entnehmen.

6 Die feste Verbindung zwischen den Platten wird durch Verschraubung erreicht. Hierbei dürfen Sie die Platten nicht mit dem Boden verschrauben.

7 Zuletzt müssen Sie die Fugen und Schraubenlöcher überspachteln. Verwenden Sie hierzu eine vom Plattenhersteller empfohlene Spachtelmasse.

Nachdem diese ausgehärtet und grob überschliffen ist, können Sie die Bodenbeläge verlegen.

Bodenbeläge ausmessen

Genaues Abmessen der mit Teppichboden, PVC oder Parkett zu belegenden Fläche verhindert einen Fehlkauf.

1 Messen Sie deshalb jeden Raum selbst aus und berücksichtigen Sie dabei Fensternischen, Erker und Türen, denn auch hier sollte der Bodenbelag in einem Stück verlegt werden.

2 Wenn Sie mehrere Bahnen nebeneinander verlegen müssen, so zeichnen Sie sich zunächst einen genauen Verlegeplan auf Millimeterpapier. Tragen Sie hier alle ermittelten Bodenmaße und die Maße der einzelnen Bahnen ein. Beachten Sie hierbei, daß beim Anstückeln von Teppichböden die einzelnen Stücke alle dieselbe Laufrichtung haben müssen.
Wenn Sie beispielsweise ein nach dem Zuschneiden übriggebliebenes Stück in der gegenläufigen Richtung zu den anderen Teppichbahnen verlegen, so werden Sie einen unterschiedlichen Farbeindruck von der Oberfläche erhalten. Geben Sie bei der Bestellung Ihrer Beläge für jede benötigte Bahn einige Zentimeter hinzu.

3 Wenn gemusterte Ware in Bahnen verlegt werden soll, ist auf den »Rapport« zu achten. Die Anzahl der Rapporte errechnen Sie nach der Formel:
»Raumlänge : Rapportlänge«
Durch Multiplizieren der bereits aufgerundeten Rapportzahl mit der Länge erhalten Sie die genaue Bahnenlänge.

4 Wenn bei der Verlegung mehrerer Bahnen das Muster um die Hälfte versetzt werden soll, so müssen Sie für die Berechnung der Anzahl der Rapporte von der halben Rapportlänge ausgehen. Wenn Sie die Anzahl der halben Rapporte mit der halben Rapportlänge multiplizieren, erhalten Sie das Maß für die Bahnenlänge.

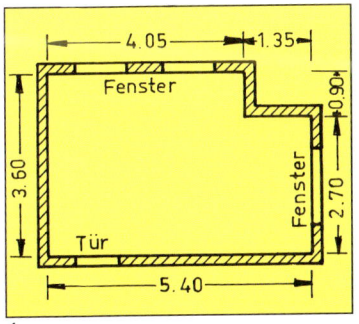

1

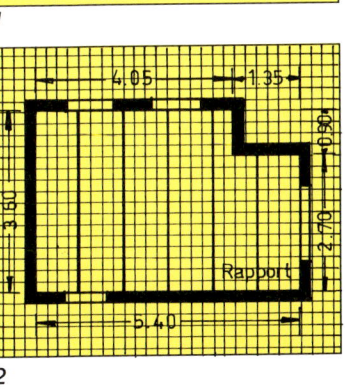

2

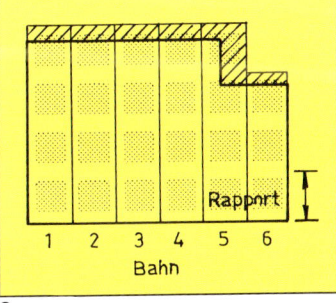

3

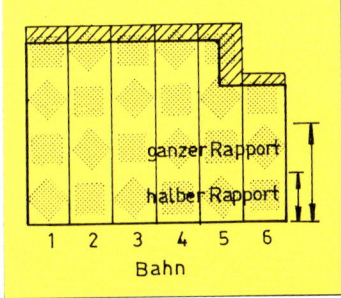

4

Teppichboden verlegen

Verlegemethoden

Teppichböden werden heute zum größten Teil selbst verlegt. Dabei stehen verschiedene Verlegemethoden zur Wahl:

- die sogenannte »lose« Verlegung mit doppelseitig klebendem Teppichklebeband,
- die Teppichfixierung mit Wiederaufnahmevlies oder -netz und
- die Teppichfixierung mit flüssiger Fixierung.

Inzwischen geht man zunehmend zur vollflächigen Fixierung über. Sie bietet gegenüber der losen Verlegung den Vorteil, daß sie eine Wellenbildung verhindert, was so der Lebensdauer des Teppichbodens zugute kommt, weil sie die schädliche Walkarbeit ausschließt. Dies ist vor allem von Bedeutung, wenn der Belag durch Möbelrollen zusätzlich strapaziert wird. Die vielzitierte Rollstuhlfestigkeit von Teppichböden setzt übrigens eine vollflächige Verklebung des Belages mit dem Unterboden voraus. Eine Fixierung über die ganze Fläche, die ein beschädigungsloses Wiederentfernen des Belages erlaubt, kommt dieser Verklebungsmethode weitgehend gleich.

Mit der modernen Teppichbodenfixierung können Sie übrigens einen neuen Teppichboden auf einem bereits vorhandenen verlegen. Sie erreichen auf diese Weise einen verbesserten Schallschutz. In diesem Fall kommen Wiederaufnahmevlies oder -netze zum Einsatz. Mit ihnen kann man auch Brücken und Läufer auf dem Teppichboden fixieren und so das leidige »Wandern« unterbinden, das häufig zu Stolperfallen führt.

Sicherheitstip

Hersteller erarbeiten für jedes ihrer Produkte »Technische Merkblätter«, auf denen die genaue Verarbeitung der Produkte dargestellt ist, aber auch auf Gefahren eingegangen wird. Jeder Heimwerker sollte sich das jeweilige Merkblatt beim Kauf aushändigen lassen und genau lesen. Bei der Arbeit mit lösemittelhaltigen Produkten sollte man auf jeden Fall gut lüften und am besten bei offenem Fenster arbeiten.

1 Ganz gleich, für welche Verlegeart Sie sich entscheiden, auf jeden Fall muß der Unterboden glatt, eben, rißfrei und sauber sein. Ausbruchstellen wie auch Risse müssen Sie zuvor sauber ausspachteln. Hierzu gibt es im Fachhandel spezielle Estrich-Spachtelmassen.

Unebenheiten lassen sich generell mit selbstverlaufenden Ausgleichsmassen beheben, wobei die vorgeschriebene Trockenzeit nach Aufbringen der Masse unbedingt einzuhalten ist.

Soll Teppichboden auf alten Holzdielen verlegt werden, so sind die gleichen Verfahren zur Untergrundvorbereitung zu wählen wie bei einer Fliesenverlegung (vgl. Seite 48ff.).

Bei Teppichböden gibt es verschiedene Beanspruchungs- und Komfort-Gruppen. Bei der Wahl des Belages sollten Sie den Verwendungszweck berücksichtigen (vgl. Seite 19).

Die eigentliche Verlegung bereitet einem durchschnittlich geschickten »Selbermacher« kaum Probleme. Der Teppichboden wird bei allen Verlegeverfahren zunächst im Raum ausgelegt. In der Regel haben Teppichböden einen »Strich«, d.h. eine Florrichtung, die für das Erscheinungsbild des Belages wie auch für die Verlegung von Bedeutung ist. Die Florrichtung ist in der Regel durch einen Pfeilaufdruck auf der Schaumrückseite markiert.

Profitip

Wenn Sie den textilen Belag in mehreren Bahnen verlegen, lassen Sie sich beim Kauf von Ihrem Fachhändler die Flor-richtung angeben.

Den Teppichboden richten Sie immer in der Hauptblickrichtung gerade aus und schneiden ihn dann entlang den Wänden mit einer Handbreit Überstand grob zu.

Verlegung mit doppelseitigem Klebeband

2 Soll der Belag »lose«, d.h. mit doppelseitigem Klebeband verlegt werden, so wird er an den Rändern zurückgeschlagen, um das Teppichklebeband ringsum entlang den Fußleisten auf den Unterboden zu kleben. Bei sehr großen Räumen empfiehlt es sich, quer durch den Raum ein oder zwei weitere Klebebandstreifen zu kleben. Dies gilt besonders für Kinderzimmer, wo der Belag durch krabbelnde Kleinkinder leicht zu Wulstbildungen neigt, oder auch für Räume, wo schwere Polster-möbel auf Rollen häufig hin und her geschoben werden.

3 Wenn die Klebestreifen ringsum verklebt sind, wird das Deckpapier abgezogen und der Teppichboden auf dem Kleberand angerieben. Hierzu eignet sich ein Hammerstiel recht gut.

4 Wenn der Belag exakt verklebt und angerieben ist, erfolgt der genaue Randbeschnitt. So kann der Teppichboden beim Feinbeschnitt nicht mehr verrutschen, so daß die Gefahr von Blitzern vermieden wird.

Profitip

Achten Sie darauf, wenn Sie den Teppichboden beschneiden, daß Sie ihn fest in den Wandknick drücken und mit einem scharfen Teppichbodenmesser den Beschnitt ausführen.

Sauberes Ansetzen von zwei Bahnen gelingt Ihnen durch den sogenannten »doppelten Nahtschnitt«, bei dem beide Bahnen eine Handbreit überlappend ausgelegt werden. Der Beschnitt erfolgt dann in der Mitte der Überlappung entlang einer Metallschiene. Lassen Sie die

1

2

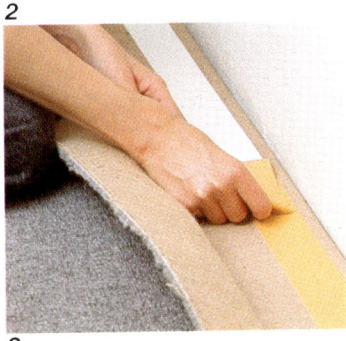

3

4

5

6

Messerklinge dabei so lange aus dem Heft schauen, daß beide Teppichböden in einem einzigen Schnitt durchtrennt werden können. Zum Schutz des Unterbodens empfiehlt es sich, dünne Pappe unterzulegen!

5–6 Nachdem Sie die Bahnen durchtrennt haben, entfernen Sie die Abfallstreifen, schlagen beide Bahnen zurück und fixieren die Naht mit doppelseitigem Klebeband. Für eine sichere Stoßverbindung sorgen drei dicht in dicht geklebte Klebebandstreifen. Es ist nötig, den Stoß nach der Verklebung gut anzureiben, um zu verhindern, daß die Naht später aufsperrt.

Als abschließende Arbeit sollten Sie an allen Türen eine Schwellenschiene andübeln. Sie verhindert zum einen, daß die Teppichbodenkanten durch die Strapazierung ausfransen und unansehnlich werden, und zum anderen, daß sich an den Übergängen zu einem anderen Belag Stolperstellen bilden. Vor allem dort, wo zwei verschiedene Teppichbodenqualitäten aneinanderstoßen, hat sich die Schiene als sinnvoll erwiesen.

Verlegung mit Vlies- oder Flüssigfixierung

Bei der Verlegung mit Vlies- ode Netzfixierung, die ein Wiederaufnehmen des Belages ohne Beschädigung des Unterbodens auch dann erlauben, wenn der Teppichboden auf empfindlicher Untergründen wie Parkett verlegt wurde, wird die Fixierung zunächst bahnenweise auf der gereinigten, staubfreien Untergrund geklebt. Die Bahnen werden dicht an dicht geklebt und vollflächig angewalzt, bzw. mit einem breiten Kunststoffspachtel faltenfrei angedrückt. Achten Sie darauf, daß zwischen den Bahnen auch nach dem Anwalzen keine Zwischenräume entstanden sind.

Wenn die Fixierung aufgebracht ist, legen Sie den Teppichboden im Raum aus, richten ihn aus und schneiden ihn grob zu. Anschließend klappen Sie den Belag zur Hälfte zurück, ziehen das Schutzpapier von der Fixierung ab und bringen den Teppichboden in einer gleitenden Abrollbewegung blasenfrei auf die Klebefixierung auf. Wälzen Sie den Belag gut an, und führen Sie den Feinbeschnitt an den Rändern nach dem beschriebenen Muster durch.

7–8 Bei Verwendung flüssiger Teppichfixierungen verfährt man ähnlich. Zunächst wird der Belag im Raum ausgelegt, ausgerichtet und grob zugeschnitten, dann halbseitig zurückgeklappt, um nun die flüssige Teppichbodenfixierung gleichmäßig auf dem Unterboden auszurollen. Hierzu dient eine Zahnspachtel oder eine Fellrolle (s. Herstellerangaben).

Ist der Unterboden zur Hälfte eingestrichen, muß die Fixierung eine gewisse Zeit ablüften.

Sicherheitstip

Sorgen Sie auf alle Fälle für Frischluftzufuhr, da sich beim Auftragen des Klebers Lösungsmitteldämpfe entwickeln können.

Dann wird der Belag wie bei der Netz- oder Vliesfixierung in einer gleitenden Abrollbewegung in die Fixierung eingebettet und angewalzt. Anschließend schlagen Sie die zweite Belagshälfte zurück und verfahren in gleicher Weise. Zum Schluß führen Sie ringsum die Beschneidung des Randes aus und drücken den Belag an.

Weitere Hinweise

Sofern die alten **Sockelleisten** nicht ersetzt werden, können Sie nun als Abschluß Viertelstäbe mit Stahlstiften gegen die Unterkante der Fußleiste nageln. Sie werden sowohl an den Ecken als auch beim Ansetzen aneinander auf Gehrung geschnitten, wozu Sie am besten eine Gehrungssäge oder eine Feinsäge mit Gehrungslade verwenden. Es gibt allerdings auch Spezialscheren zum Schneiden von Viertelstäben mit geradem und mit Gehrungsanschlag. Im Türbereich wird der Teppichboden mit einer Messingschiene versehen, die die Anschlußnaht zum Belag des Nachbarraumes abdeckt. Konventionelle Messingschienen werden angedübelt. Neuerdings gibt es auch selbstklebende Messingschienen, die nach Abziehen des Schutzpapieres einfach über den Teppichstoß geklebt werden und auf dem Teppichflor haften.

Wenn Sie die alten Sockelleisten ersetzen wollen, haben Sie die Wahl zwischen Holz- oder Kunststoffprofilen, die, mit Nageldübeln befestigt, mit einem Streifen Teppichboden überklebt werden und so einen harmonischen Übergang zur Wand bilden.

7

8

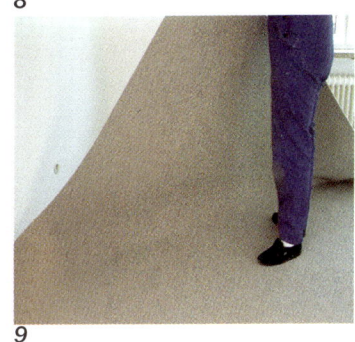

9

Fertigparkett verlegen

Fertigparkett ist auf vorhandenen alten Fußböden oder dafür angefertigten Fußbodenkonstruktionen leicht zu verlegen. Man hat die Wahl zwischen den verschiedensten Formaten und Holzarten. Die Basis kann ein schwimmender Estrich, ein Spanplattenboden, ein Teppich oder PVC-Belag sein. In allen diesen Fällen wird als erstes im ganzen Raum eine Zwischenlage aufgebracht, die aus Filz, Korkschrot oder Rippenpappe besteht.
Auf dem Unterboden verlegen Sie lose eine trittschalldämmende Unterlage.

Der Parkettfußboden wird schwimmend verlegt, also ohne feste Verbindung mit dem Boden.

1–2 Die Plattenränder werden mit Leim versehen, zusammengesteckt und mit einem Holzstück und Hammer zusammengeklopft. Den herausquellenden Leim wischen Sie mit einem feuchten Lappen ab.

3 Die Verlegung beginnt an zwei Wandseiten mit je einer Plattenreihe; halten Sie einen Wandabstand von ca. 15 mm als Dehnungsfuge ein, den Sie mit Holzkeilen fixieren.

Sicherheitstip
Stellen oder knien Sie sich beim Zusammentreiben der Elemente immer auf die vorher verlegten Teile, damit Sie diese nicht durch die Hammerschläge verschieben.

4 Die zweite Plattenreihe darf nicht gleich an die erste angeschlossen werden, sondern es muß pyramidenförmig weitergearbeitet werden.

Die Randplatten lassen sich leicht ausmessen und mit dem Fuchsschwanz zuschneiden Achten Sie wiederum darauf, daß der Abstand zur Wand ungefähr 15 mm beträgt.

5 Nach dem Abbinden des Leims entfernen Sie die Keile, passen fabrikversiegelte Wandabschlußleisten ein und befestigen sie mit Stahlstiften. Zum Zuschneiden der Wandabschlußleisten empfiehlt es sich, eine Gehrungslade zu verwenden. Die Dehnungsfuge im

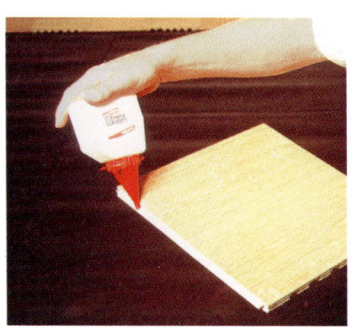

1   2   3

Bereich der Tür darf etwas kleiner ausfallen, muß aber sehr genau zugeschnitten werden, weil sie ständig sichtbar bleiben wird. Man verfugt sie am besten mit einem farblich passenden dauerelastischen Kitt. Vorzüglich geeignet ist Silikonkautschuk, den es in vielen Farben zu kaufen gibt.

6 Der komplett verlegte Fertigparkettboden vermittelt eine angenehme, wohnliche Atmosphäre.

Profitip
Achten Sie bei der »**schwimmenden**« Verlegung von Parkettböden auf die exakte Einhaltung der **Dehnungsfuge.** Das ist der Abstand zwischen Parkettfläche und Wand. Der Boden muß arbeiten können, d.h. sich bei Wärme ausdehnen und bei Kälte zusammenziehen können, ohne dabei an die Wände anzustoßen. Außerdem bewirkt Kontakt zwischen Bodenbelag und Wand eine äußerst unerwünschte Schallbrücke.

Die Befestigung der **Wandabschlußleisten** erfolgt auf keinen

4

5

Fall am Parkett! Sie müssen an die Wand genagelt oder dort mit Dübeln und Schrauben befestigt werden.
Wenn Sie Fertigparkett über Fußbodenheizungen legen wollen, sind folgende Punkte zu beachten:
Auf dem Zementestrich der Fußbodenheizung kann Fertigparkett geklebt oder schwimmend verlegt werden. Achten Sie auf die Herstellerangaben.
Die Heizungsvorlauftemperatur sollte 55 Grad Celsius nicht überschreiten.
Der Abstand der Heizschlangen zueinander sollte nicht größer als 15 cm sein, damit das Parkett keinen Schaden erleidet. Die normengerechte Holzfeuchte ist wichtig, bevor sie mit dem Verlegen beginnen.

6

Wände fliesen

1

2

3

Der zweckmäßigste Belag an Wänden in Feuchträumen sind zweifellos Fliesen.

Die moderne Dünnbett-Klebetechnik hat das Fliesenlegen auch dem Heimwerker erschlossen. Planvolles Arbeiten und Genauigkeit sind wichtig, um das oft kostspielige Material auch richtig zur Geltung zu bringen.

Profitip

Auf die Erstellung eines Verlegeplanes sollten Sie auf keinen Fall verzichten. Zeichnen Sie die Wände maßstabsgetreu auf Millimeterpapier auf, und markieren Sie hier vor allem alle vorhandenen Versorgungsleitungen. Auch fest zu installierende Einrichtungsgegenstände (WC, Dusche) sollten Sie einzeichnen.

Damit Ihre Fliesen später auch halten, muß der Untergrund eben, trocken, tragfähig und natürlich sauber sein. Beton sollte erst mit Fliesen verkleidet werden, wenn sein Schwinden abgeklungen ist (dies ist frühestens nach sechs Monaten der Fall); Putze müssen gut durchgetrocknet sein; Gipsputze sollten mindestens 10 mm dick sein und müssen, wie alle anderen saugfähigen Untergründe auch, grundiert werden. Gipskarton- und andere Leichtbauplatten sollten Sie vor dem Verfliesen mehrfach mit sogenannter Flüssigfolie streichen.

1 Wenn Sie den Klebstoff anrühren, sollten Sie die auf der Packung angegebenen Mischungsverhältnisse genau einhalten. In jedem Fall gibt man zunächst Wasser in das Mischgefäß und schüttet erst dann das Pulver hinein. Die Mischung muß nun mit der Kelle oder einem Rührgerät ganz glatt verrührt werden. Sie muß anschließend dick pastös sein und darf beim Auftragen auf keinen Fall an der Wand verlaufen. Nachdem die Mischung 5 bis 10 Minuten reifen konnte, müssen Sie sie noch einmal kräftig durchrühren.

2 Anschließend ziehen Sie die Klebermischung mit einem Zahnspachtel auf. Ziehen Sie immer nur auf einer begrenzten Fläche auf, die gerade so groß bemessen ist, daß sie innerhalb von höchstens 15 Minuten beklebt werden kann.

Tragen Sie den Kleber gleich- mäßig auf und kämmen Sie ihn an der Wand mehrmals gut durch.

3 Beginnen Sie mit dem Kleben der Fliesen in einer Raumecke.

Profitip

Beste Klebeergebnisse erzielen Sie, wenn Sie die Fliesen in den Kleber einschieben und dann fest andrücken.

Sobald die Fliesen der ersten Reihe angeklebt sind, können Sie die Fugenbreite korrigieren.

Beginnen Sie dann mit der zweiten Reihe. Kleben Sie anschließend, wenn die ersten beiden Fliesen der zweiten Reihe sitzen, die erste Fliese der dritten Reihe.

4 Wenn Sie in dieser Weise die Fläche in beide Richtungen gleichzeitig aufbauen, haben Sie eine genauere Kontrolle über den Fugenverlauf. Korrigieren Sie den Sitz der Fliesen so frühzeitig wie möglich.

5 An Anschlußwänden kleben Sie zunächst die erste senkrechte Reihe.

Dann kleben Sie die erste waagerechte Reihe und bauen hiernach die Fläche wieder in beiden Richtungen gleichzeitig auf.

Bis Sie die fertig gefliesten Flächen verfugen können, müssen Sie die auf der Kleberpackung angegebene Aushärtezeit unbedingt einhalten.

4

5

Fußboden fliesen

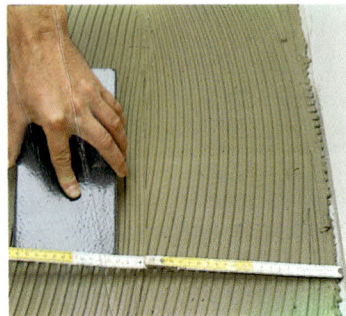

Genauso wie die Wände fliesen Sie auch den Boden im Bad und in der Küche Ihrer Dachgeschoßwohnung. Alle anderen Bodenbeläge sind hier, wegen Spritz- und Tropfwasser, das Sie in diesem Bereich nicht vermeiden können, weniger gut geeignet. Außerdem lassen sich Fliesen leichter reinigen und sind, sofern sie versiegelt sind, fleckunempfindlich.

1 Tragen Sie zunächst den nach Herstelleranleitung vorschriftsmäßig angerührten Kleber mit einem geeigneten Zahnspachtel auf die saubere Bodenfläche auf. Beginnen Sie mit dem Kleben der Fliesen in einer Ecke. Wenn Sie die Fliesen nach einem bestimmten **Verlegemuster** anordnen wollen, so kleben Sie zunächst alle zu einem Teilabschnitt des Musters gehörenden Fliesen.

2 Messen Sie die Breite dieses ersten Fliesenabschnittes aus und übertragen Sie dies Maß auf die andere Seite der Fläche, die Sie im gemessenen Wandabstand fliesen wollen. Legen Sie hier eine Fliese provisorisch in das Kleberbett ein und spannen Sie von der Außenkante dieser Fliese zum bereits verlegten Teil-

abschnitt des Musters eine sogenannte Eckenschnur.

3 Wenn Sie jetzt abschnittsweise das Fliesenmuster verlegen, so können Sie sich an der gespannten Eckenschnur orientieren.
Die besten Klebeergebnisse erhalten Sie, wenn Sie die Fliesen in das Klebebett einschieben, ausrichten und anschließend mit einem Gummihammer leicht festklopfen.
Achten Sie dabei auf einen gleichmäßigen Fugenverlauf und auf eine gleichbleibende Höhe der Fliesen. Beim späteren Verfugen müssen Sie eine wasserdichte Fugenmasse verwenden.

Profitip
Unterschiedliche Untergründe können zu Spannungen innerhalb der gefliesten Flächen und somit zu Rissen im Fugenbereich und im Extremfall sogar in den Fliesen führen. Deshalb sind im Anschlußbereich wirksame **Dehnungsfugen** vorzusehen. Diese müssen breit genug sein, um etwaige Bewegungen elastisch aufzufangen. Solche Fugen müssen bereits im Verlegeplan berücksichtigt werden.

Fliesen verfugen

Sie können die Fliesen erst dann verfugen, wenn der Kleber vollständig ausgehärtet ist. Beachten Sie dazu die Wartezeit auf Ihrer Klebepackung.

An den Wänden kann das Wasser gut ablaufen. Deshalb genügt es, wenn Sie die Wände mit einer handelsüblichen wasserdichten Fugenmasse verfugen. Benutzen Sie jedoch für den stärker strapazierten Boden von Badezimmern besser eine wasserdichte Spezialfugenmasse. Beachten Sie beim Verfugen unbedingt, daß die Anschlüsse benachbarter ungleicher Bauteile (z.B. die Dehnungsfuge zwischen der Gebäudewand und einer nachträglich eingebauten leichten Trennwand), aber auch die Fuge zwischen Wänden und Böden mit einem dauerelastischen Dichtstoff abgedichtet werden müssen.

1 Rühren Sie den Fugenmörtel nach den auf seiner Verpackung aufgedruckten Verarbeitungsrichtlinien in das Wasser ein. Der Mörtel muß kräftig durchgemischt werden, damit keine Klumpen entstehen.

2 Den fertig gemischten Fugenmörtel tragen Sie dann mit dem Fugengummi vollflächig auf die Fliesen auf. Wenn Sie den Mörtel in die Fugen einarbeiten, dann bewegen Sie den Fugengummi diagonal zum Fugenschnitt.

Sicherheitstip
Fugenmörtel greift Ihre Haut und Ihre Fingernägel stark an. Schützen Sie deshalb Ihre Hände beim Verfugen mit wasserdichten Gummihandschuhen.

3 Sobald der Mörtel in den Fugen nicht mehr glänzt, reinigen Sie die Fliesen und die Fugen mit einem Schwamm. Wiederholen Sie diesen Arbeitsgang bis die Fliesen sauber sind.

4 Zum Schluß säubern und polieren Sie die Fliesen mit einem trockenen Tuch.

2

3

1

4

Dachgaube einbauen

Material
Einbaufertige Dachgaube mit Zubehör, Schrauben, Lagerhölzer (Menge je nach Fenstergröße).

Werkzeug

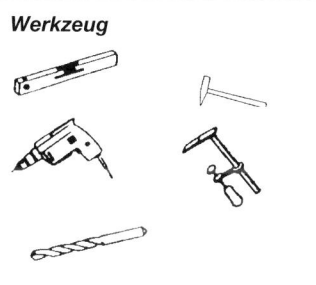

Schwierigkeitsgrad

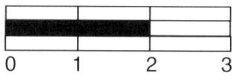

```
0    1    2    3
```

Kraftaufwand

```
0    1    2    3
```

Arbeitszeit
Je nach Größe der Gaube und der Dachkonstruktion brauchen Sie einen Tag.

Ersparnis
Durch Ihre Eigenleistung können Sie bis zu 500 DM sparen.

Wer mit dem Dachausbau gleichzeitig die Nutzfläche im Dachgeschoß vergrößern will, wird sich für den Einbau von Dachgauben entscheiden. Gauben schaffen gerade auch für kleinere Dachwohnräume erheblich mehr Bewegungsfreiheit. Der Einbau von Dachgauben ist genehmigungspflichtig.

Für attraktiven Dachwohnkomfort gibt es Standardversionen von Dachgauben in verschiedenen Größen – auch als komplett montierte Fertigteile. Dies sind meist nahtlos aus einem Stück gefertigte GFK-Sandwich-Formteile. Sie sind ca. 110 cm hoch und ca. 140 oder 200 mm breit. Sie müssen jedoch die Dachneigung berücksichtigen.

In einem solchen Komplett-Gaubensatz ist alles enthalten, was Sie brauchen: die komplette Gaube mit Zubehör und natürlich mit dem dazugehörigen Fenster. Aufs Dach bringen Sie die kleinen Gauben per Hand. Die größeren Formteile lassen sich bei niedrigen Häusern beispielsweise über eine Leiter hochschieben. Bei mehrgeschossigen Häusern können großformatige Gauben nicht ohne weiteres selbst aufs Dach transportiert werden. Gegebenenfalls müssen Sie vorher die Treppenaufgänge genau ausmessen, ob Sie die Gaube im Haus aufs Dach transportieren können.

1 Die Einbauhöhe ist so festzustellen, daß ausreichend Kopffreiheit gewährleistet ist. Nachdem das Dach dem Gaubenmaß entsprechend abgedeckt worden ist, werden oben und unten Wechsel zwischen die Dachsparren eingezogen, ebenso an den Seiten zur sicheren Auflage. Die Dämmung muß stets bis an die Sparren heranreichen.

2 Großformatige Gauben werden von oben eingeschwenkt und auf die Trauflatte gestellt. Richten Sie sie exakt aus, und unterfüttern Sie gegebenenfalls.

3 Die Spezialbefestigungsklammern müssen Sie an den Wechseln und Sparren gut verschrauben.

4 Dann montieren Sie die Aluminium-Regenrinnen. Dazu müssen die Dachlatten ausgeschnitten und unterfüttert werden.

5 Anschließend wird das Dach wieder eingedeckt. Zu guter Letzt müssen Sie die Bleischürze mit Hilfe des Ausbeulhammers paßgenau an die Dachfläche anformen, damit Regenwasser sauber ablaufen und an keiner Stelle eindringen kann. Nun müssen Sie noch die bereits fertig vormontierten Fensterflügel einhängen und – wenn nötig – schließgenau ausrichten.

6 Und so kann Ihre Gaube dann von innen aussehen. Der Platz unterm Dach ist viel größer geworden, weil Sie den Raum bis an das untere Ende der Dachschräge ausnutzen können!

Wie Sie die Gaube von innen verkleiden, bleibt hierbei ganz Ihrem persönlichen Geschmack vorbehalten. Zu empfehlen ist allerdings, daß Sie die nun zusätzlich entstandenen Außenwände nicht völlig ungedämmt lassen, sonst entpuppt sich Ihre Gaube im Nachhinein als Wärmefresser.

1

3

5

2

4

6

Dachflächenfenster einsetzen

Material
Komplettes Dachflächenfenster, Lagerhölzer, Schrauben.

Werkzeug

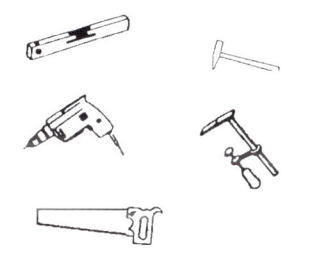

Schwierigkeitsgrad

0	1	2	3

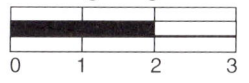

Kraftaufwand

0	1	2	3

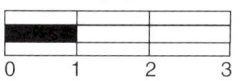

Arbeitszeit
Je nach Größe des Fensters und der Dachkonstruktion brauchen Sie etwa 8 Stunden.

Ersparnis
Durch Ihre Eigenleistung sparen Sie bis zu 500 DM.

Dachflächenfenster in unserem Sinne des Dachgeschoßausbaus müßten eigentlich Dachwohnfenster heißen. Voraussetzung für richtigen Wohnkomfort unterm Dach ist, daß diese Fenster genau wie die senkrechten Fenster in den unteren Geschossen wohnlich niedrig eingebaut werden und genauso leicht zu bedienen sind. Sie sollen im Stehen bequem zu erreichen sein.

Die meisten Fenster dieser Bauart sind für Einhandbedienung konstruiert; das erfordert nur einen geringen Kraftaufwand. Außerdem gibt es mittlerweile Modelle, die sich nicht nur ausschwenken, sondern auch noch ausgeschwenkt zur Seite schieben lassen. So holen Sie die Natur ins Zimmer – kein Rahmen verdeckt die freie Sicht. Außerdem können Sie hier gut vor das geöffnete Fenster treten, ohne Sorge wegen der Kopffreiheit haben zu müssen – an einem zur Seite geschobenen Fensterflügel kann man sich den Kopf nun einmal nicht stoßen.
Einige ganz praktische Dinge sollten Sie bei der Auswahl Ihres Dachflächenfensters aber zusätzlich beachten. So ist es

1

2

3

4

unbedingt notwendig, daß das Fenster mit einer hochwertigen Isolierverglasung ausgestattet ist, denn sonst nutzt die beste Dämmung des Dachgeschosses nichts, wenn im Winter die Wärme ungehindert durchs Fenster hinaus- und im Sommer zum Fenster hineinkommt. Sie müssen auch bedenken, daß Sie die gesamte äußere Fensterfläche zum Reinigen leicht erreichen können sollten.

Moderne Dachflächen-Fensterrahmen sind meistens aus Kunststoff oder Metall. Wenn Sie ein stilvolleres Wohnen bevorzugen, sollten Sie aber auch im Dachgeschoß nicht auf ein Holzfenster verzichten.

1 An der gewünschten Stelle decken Sie das Dach ab, durchtrennen die Lattung und bringen zwei starke Lagerhölzer, sogenannte Wechsel, an der Ober- und der Unterkante des neuen Fensters als Auflage an. Dann müssen Sie die Isolierung entlang des neuen Fensters sorgfältig anbringen. Natürlich werden auch seitlich Lagerhölzer befestigt.

2 Das neue, komplette Fenster wird mit einem Helfer auf das Dach ausgebracht. Sichern Sie das Fenster unbedingt mit einem Seil gegen Abgleiten. Nun wird es maßgenau auf den Lagerhölzern ausgerichtet und, wenn dies erforderlich sein sollte, unterfüttert.

3 Dann schrauben oder nageln Sie es mit Hilfe der mitgelieferten Befestigungselemente sicher an allen vier Seiten an.

4 Nun werden die mitgelieferten Dichtungsschürzen angebracht, befestigt und in die Dachziegeloberfläche eingepaßt. Lassen Sie sich für diesen Arbeitsvorgang Zeit und arbeiten Sie sorgfältig, denn Sie wollen ja am Ende ein dichtes Dachfenster haben, in das es nicht hineinregnet.

Achten Sie bei der Wahl Ihrer Dachfenster darauf, daß durch geeignete Schaumstoffprofile verhindert wird, daß Staub und kalte Luft in den Dachraum eindringen können. Die Profile bringen sie oben und seitlich neben den Wasserablauffalzen an.

Zur Abdeckung der Dachstuhlkonstruktion werden innen die seitlichen Flächen mit einem Innenfutter verkleidet.

Dachgeschoß dämmen

1

2

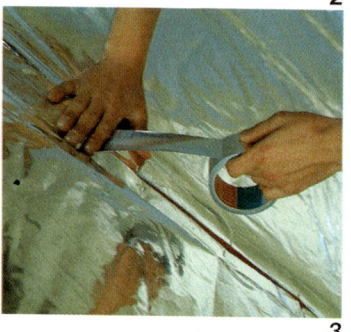

3

Material

Dachlatten, Kanthölzer, aluka-
schierte Dämmplatten, Aludichtkle-
beband, Gipsfaserplatten, Schrauben, Gipsbaunägel, Dübel, Spachtelmasse (Menge je nach Raum-
größe).

Werkzeug

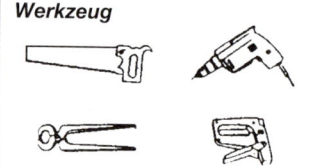

Schwierigkeitsgrad

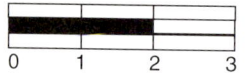

| 0 | 1 | 2 | 3 |

Kraftaufwand

| 0 | 1 | 2 | 3 |

Arbeitszeit

Je nach Vorarbeit können Sie
2 m² pro Stunde dämmen und
verkleiden.

Ersparnis

Je nach Verkleidungsfläche können Sie bis zu 1000 DM durch
Ihre Eigenleistung sparen.

Für die Dämmung des Dachgeschosses eignen sich insbesondere Mineralfaserfilzmatten mit
aufkaschierter Aluminiumfolie
und beidseitig verstärkten Randleisten.

1 Zuerst müssen Sie jedoch die
Unterkonstruktion entsprechend vorbereiten. Wenn Sie
einen Kniestock erstellen wollen,
so nehmen Sie für die senkrechte
Tragekonstruktion kräftige
Kanthölzer mit einem Mindestfor-
mat von 60 x 60 mm. Dies sind
die Anschlußhölzer. Zur Verkür-
zung der Dachschräge wird die
Abseitenwand oder **Drempelwand** unter die Dachschräge
gestellt. Dazu gehen Sie folgendermaßen vor: Längen Sie die
Anschlußhölzer entsprechend
dem Abstand vom Fußboden zu
den Sparren ab und verschrauben Sie die Kanthölzer mit dem
Fußboden. Bei Holzböden und
Spanplatten genügen Schrauben;
bei Betonböden und Betone-
strich müssen die Hölzer in jedem
Fall angedübelt werden. Die entsprechend der Dachneigung am
oberen Ende abgeschrägten Hölzer werden fest mit den Dachsparren verschraubt. Diese senkrecht montierten Anschlußhölzer

werden nun wiederum durch eine Querlatte, die am Boden befestigt ist, auf die Dachschräge fixiert.

Rollen Sie nun die mit Aluminium kaschierten Dämmstoffmatten aus. Nehmen Sie zwischen den Sparren Maß, und schneiden Sie die Matten auf die benötigte Breite zu. Beachten Sie hierbei, daß Sie die Matten immer 2 cm breiter zuschneiden. Dadurch ist ein strammer Sitz gewährleistet.

2 Beginnen Sie mit der Befestigung der Matten an der Decke. Schießen Sie die Matte links und rechts mit ein paar Klammern fest und arbeiten Sie sich auf diese Weise weiter zur Dachschräge vor.
Dabei ist wichtig, daß Sie die Dämmstoffbahn mit der freien Hand in die richtige Position zum Dachsparren bringen und gleichmäßig straffen, die untere Hand führt derweil den Tacker in Arbeitsrichtung auf der Randleiste der Matte entlang und schießt Klammer für Klammer die Matte an den Sparren fest.

3 Die Stöße der sich überlappenden Randstreifen werden mit einem Aluminiumklebeband abgedichtet.

4 Auf die nun völlig gedämmten Dachwände werden Querlatten 30 x 50 mm aufgebracht und an den Dachsparren sowie an den Kanthölzern der Drempelwand befestigt. Dazu messen Sie die Dachlatten entsprechend der Raumlänge ab.

5 Mit Holz-Senkkopfschrauben im Durchmesser von 4 mm werden die Latten angeschraubt.

6 Jetzt kann mit dem Verkleiden begonnen werden. Ganz einfach geht dies mit Gipsbauplatten, die im handlichen Ein-Mann-Format angeboten werden (nageln oder schrauben).

Zügig wird so Platte für Platte verarbeitet. Zum Zuschneiden wird das gewünschte Maß angezeichnet und die Platte dann mit einem Teppichmesser angeritzt.

Anschließend legt man eine Latte entlang der Schneidelinie unter die Platte, bricht die Platte an und schneidet dann von der Rückseite her durch. Wenn der ganze Raum mit Platten ausgekleidet ist, müssen Sie alle Fugen, Nagel- und Schraubenstellen noch sauber verspachteln.

4

5

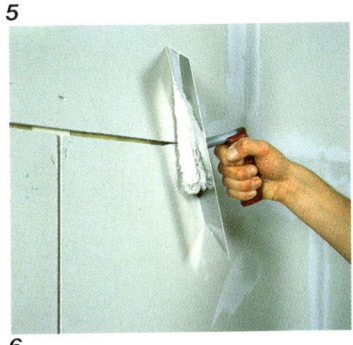

6

Zwischenwand aus Porenbeton errichten

1

2

Material

Porenbetonbausteine und Mörtel (Menge je nach Mauergröße).

Werkzeug

Schwierigkeitsgrad

0	1	2	3

Kraftaufwand

0	1	2	3

Arbeitszeit

Bei geringem Vorarbeiten können Sie pro Stunde bis zu 1,5 m² Mauer aufziehen.

Ersparnis

Durch Eigenleistung sparen Sie je nach Mauerfläche bis zu 6000 DM.

Ein komplettes System

Porenbetonsteine in den verschiedensten Formaten ermöglichen ein problemloses, genau den Erfordernissen des auszubauenden Raumes angepaßtes Mauern. Hohe Maßgenauigkeit und die einfachen Möglichkeiten der Bearbeitung sind die herausragenden Kennzeichen dieses Baustoffes.

Als Zusatzprodukte bietet die Baustoffindustrie auch alles denkbare und notwendige Zubehör an, das speziell für die Verwendung beim Arbeiten mit Porenbeton abgestimmt ist. Hier eine kurze Übersicht über die wichtigsten Porenbetonbauteile: Sie erhalten verarbeitungsfertige Plansteine, Ausgleichssteine, Kellersteine, Blocksteine, Stürze, Platten, Fertigmörtel, Wärmedämmörtel, Fertigputze, Putzschienen und alle denkbaren speziellen Werkzeuge und Geräte.

Vorbereitung

Und so gehen Sie vor, wenn Sie einen Raum unterteilen wollen: Erstellen Sie zunächst einen genauen Grundrißplan Ihres Dachgeschosses und der einzubauenden Wände. Errechnen Sie nun die genaue Quadratmeter-zahl des zu errichtenden Mauer-werks. Beim Kauf der Plansteine dürfen Sie nicht vergessen, daß Sie durch maßgenaues Einpas-sen besonders an der Dach-schräge Verschnitt haben wer-den; kaufen sie also lieber zu vie-le als zu wenig Steine. Oftmals nimmt der Baustoffhandel nicht verbrauchtes Material auch zurück – erkundigen Sie sich beim Händler nach dieser Mög-lichkeit.

Notieren Sie nun die Anzahl der benötigten Stürze für Durch-brüche (z.B. für Fenster und Türen). Übertragen Sie den Grundriß auf den Fußboden des Dachgeschosses und kontrollie-ren Sie genauestens die Winkel.

1 Rühren Sie den Mörtel der Gebrauchsanleitung entspre-chend an und tragen Sie ihn mit Hilfe der Mörtelkelle als Dünnbett auf. Beginnen Sie immer an den Ecken. Mit dem Gummihammer können Sie nun unter Zuhilfenah-me der Wasserwaage die Steine paßgenau setzen.

2 Spannen Sie die Maurerschnur als Orientierungshilfe bis zur nächsten Ecke. Tragen Sie den Mörtel wieder auf die Stoß- und die Lagerfuge auf und setzen Sie nun Stein für Stein ein.

3 Beachten Sie, daß die Stoßfu-gen der zweiten Reihe nicht über denen der ersten Reihe stehen, sondern sich um mindestens 10 cm überdecken. Richten Sie immer wieder mit Hammer und Wasserwaage aus. So setzen Sie die Arbeit zügig fort.

Von einer bestimmten Höhe an empfiehlt es sich, von einer klei-nen Plattform aus weiterzuarbei-ten. Nun ist es soweit, daß der Sturz über der Tür eingebaut wird.

3

Dieser Baustein wird genau wie die anderen verarbeitet. Achten Sie links und rechts auf genü-gend Auflage.

4 Zum Verputzen empfiehlt es sich, einen speziellen Innenputz für Porenbeton zu verwenden.

Ökotip
Mörtelreste gehören nicht in den Hausmüll, sondern sind auf der Bauschuttdeponie zu entsorgen.

4

Holzverkleidete Zwischenwand in Ständerbauweise

Material

Kanthölzer 60 x 60 mm, Durchsteckdübel, Schrauben, Nägel 100 mm, Gipsfaserplatten, Dämmstoffstreifen, Dämmstoffmatten, Profilbretter, Befestigungsklammern.

Werkzeug

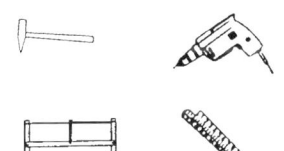

Schwierigkeitsgrad

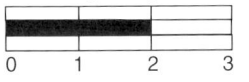

0   1   2   3

Kraftaufwand

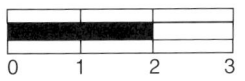

0   1   2   3

Arbeitszeit

Als Arbeitszeit sollten Sie für eine Zwischenwand von ca. 12 m² 20 Stunden einplanen.

Ersparnis

Durch Eigenleistung sparen Sie zwischen 600 und 1000 DM.

Wenn Sie die Wände nicht mauern wollen, können Sie sogenannte **Ständerwände** einbauen. Diese Art der Zwischenwand ist weniger massiv als eine gemauerte, erfüllt aber den gleichen Zweck.

Berechnen Sie den Materialbedarf für die Kanthölzer, die Gipsfaserplatten, Profilbretter und das Befestigungsmaterial. Seien Sie auch hier lieber etwas zu großzügig, als daß Ihnen später beim Arbeiten das Material ausgeht. Achten Sie beim Kauf der Kanthölzer unbedingt darauf, daß diese gerade sind.

1 Längen Sie das **Schwellenholz** (das auf dem Boden liegende Kantholz) so ab, daß es genau zwischen die beiden Seitenwände des Raumes paßt. Bohren Sie nun durch dieses Schwellenholz an seinen Enden und im Abstand von ca. 80 cm mit einem Holzbohrer Löcher, die dem Durchmesser der verwendeten Dübel entsprechen. Schneiden Sie dann einen Dämmstoffstreifen in der Länge des Schwellenholzes und in der Dicke der vorgesehenen Zwischenwand. Legen Sie diesen Dämmstoffstreifen genau

dort auf den Boden, wo die Wand zu stehen kommt, legen Sie das Schwellenholz darauf, und bohren Sie durch die Löcher des Schwellenholzes mit einem geeigneten Bohrer (für Betonböden müssen Sie den Steinbohrer verwenden) die Dübellöcher in den Boden. Nachdem Sie die Dübellöcher ausgeblasen haben, stecken Sie die Durchsteckdübel hinein und befestigen das Schwellenholz mit passenden Schrauben am Boden.

Als nächstes längen Sie das **Deckenholz** paßgenau ab. Zeichnen Sie dann unter Zuhilfenahme eines Senklots die exakte Lage des Deckenholzes an. Es muß sich genau senkrecht über dem Schwellenholz befinden. Nageln oder kleben Sie an das Deckenholz einen passenden Dämmstoffstreifen in der Breite der Zwischenwand. Keilen Sie jetzt das Deckenholz mit zwei Kanthölzern provisorisch an die Decke.

Nun bohren Sie durch die vorbereiteten Löcher des Deckenholzes wie vorher in den Boden die Dübellöcher in die Decke. Befestigen Sie das Deckenholz mit Dübeln und Schrauben.

1

2

3

2 Nun längen Sie die beiden seitlichen **Kanthölzer** ab, die leicht auf Spannung sitzen sollten. Bohren Sie auch hier die Dübellöcher im Holz vor, und keilen Sie beide Kanthölzer bündig zwischen Schwellen- und Deckenholz an die Seitenwände. Auch hier sollten Sie einen Dämmstoffstreifen unterlegen. Ihre Zwischenwand ist auf diese Weise zu den umliegenden Bauteilen elastisch befestigt. Dies ist eine wirksame Maßnahme gegen die Schallübertragung von der Zwischenwand auf die anderen Wände.

Befestigen Sie dann die **Seitenhölzer** mit Dübeln und Schrauben an den Seitenwänden. Achten Sie beim Bohren in die Wände darauf, daß Sie keine unter Putz liegenden Leitungen verletzen. Beim Aufspüren solcher Leitungen ist ein im Elektrohandel erhältliches Leitungssuchgerät hilfreich.

Sicherheitstip
Unter Putz liegende Leitungen spüren Sie vor Arbeitsbeginn mit einem Leitungssuchgerät auf.

3 Zeichnen Sie nun auf dem Schwellenholz den genauen Standort der Stiele (Ständer) an. Bemessen Sie dabei die Zwischenräume möglichst gleichmäßig, und zwar in Abständen die die Standardbreite der gewählten Dämmstoffmatten um 2 cm unterschreitet. Messen Sie die Länge jedes Stiels einzeln aus und längen Sie die Stiele dann so ab, daß sie leicht auf Spannung zwischen Schwellen- und Deckenholz sitzen. Ein einfacher und bewährter Handwerkstrick zum Vermessen von Höhen im freien Raum: Verwenden Sie hierzu eine Latte von genau 2,00 m (oder 1,50 m) Länge. Stellen Sie diese senkrecht an der vorgesehenen Stelle auf das Schwellenholz und messen Sie dann den restlichen Abstand zum Deckenholz mit dem Zollstock aus.

Stellen Sie dann die Stiele auf und richten Sie sie mit der Wasserwaage senkrecht aus.

4 Die Befestigung der Stiele erfolgt durch von beiden Seiten schräg in das Schwellenholz bzw. das Deckenholz getriebene Nägel. Damit die Stiele hierbei nicht verrutschen, ist es am einfachsten, wenn Sie bei der Nagelung am Schwellenholz einen Fuß dahinter stellen. Bei der Nagelung am Deckenholz halten Sie einen schweren Hammer (Fäustel, Vorschlaghammer) hinter die Kanthölzer.

Nun ist das **Kantholzgerüst** für Ihre Zwischenwand fertiggestellt. Sie können jetzt mit der Befestigung der **Gipsfaserplatten** beginnen. Solche Platten gibt es in den unterschiedlichsten Formaten. Ein sehr handliches Format ist 1,00 auf 1,50 m. Stimmen Sie jedoch das Format auf die Höhe und Breite Ihrer Zwischenwand ab. Hierbei ist es zweckmäßig, so zu planen, daß auch das Plattenmaß an das errichtete Ständerwerk angepaßt ist. Die senkrechten Plattenfugen sollen hier genau über den Stielen verlaufen. Hierdurch wird die Stabilität der Wand gewährleistet. Denken Sie aber auch daran, daß Sie die Platten in Ihr Dachgeschoß transportieren können und daß Sie mit großen Platten in Treppenhäusern Probleme bekommen können. Zum Zuschneiden werden Gipsfaserplatten einfach mit dem Messer entlang einem geraden Brett tief eingeritzt und dann an der Schnittstelle gebrochen.

Die Befestigung erfolgt durch einfaches Nageln (Sie können die Platten natürlich auch andübeln, wobei sich dieser Aufwand aber nicht lohnt). Um den für die spätere Verfugung notwendigen Abstand von ca. 5 mm zwischen den einzelnen Platten einzuhalten, verwenden Sie am einfachsten 5 mm dicke Sperrholzstücke, die Sie als Abstandshalter zwischen die Platten klemmen. Zeichnen Sie vor dem Nageln durch Anhalten der Platten an die Kanthölzer deren Lage auf der Vorderseite der Gipsfaserplatten an.

Nageln Sie die Platten entlang der angezeichneten Linien an den Stielen fest. Wenn das Kantholzgerüst beim Nageln zu sehr schwingt, dann kann ein Helfer auf der Rückseite einen Fäustel anhalten.

5 Wenn Sie die gesamte Wandfläche mit den Gipsfaserplatten bekleidet haben, können Sie beginnen, die Zwischenräume zu verfugen. Benutzen Sie hierzu einen für das Plattenmaterial geeigneten Fugenspachtel. Tragen Sie diesen zunächst grob auf und ziehen Sie ihn dann mit der

4

5

6

Glättkelle glatt. Bevor Sie mit dem Einbau der Dämmstoffmatten beginnen, ist es ratsam, eventuell notwendige Elektroleitungen in der Wand zu verlegen. Um die Leitungen beim Befestigen in der Profilbrettverkleidung auf der noch offenen Seite der Zwischenwand nicht zu beschädigen, sollten Sie dicht an den Gipskartonplatten verlaufen. Für die Durchführung der Elektroleitungen bohren Sie die Löcher durch die Kanthölzer möglichst dicht neben die Gipsfaserplatten.

7

Sicherheitstip
Achten Sie unbedingt darauf, daß die Leitungen bis zu ihrem Anschluß stromlos bleiben, drehen Sie also zuvor die betreffende Sicherung heraus.

Elektroleitungen für Lampen können Sie jetzt schon durch ein gebohrtes Loch nach außen hindurchführen.

8

6–7 Jetzt können Sie mit dem Einbau der Dämmplatten beginnen. Pressen Sie die Dämmplatten einfach zwischen die Kanthölzer. Wenn Sie das Dämmaterial zuschneiden müssen, so achten Sie darauf, daß die Platten etwa

9

2 cm breiter ausfallen als das lichte Maß zwischen der Kanthölzern. Die Befestigung einer Kunststoffolie auf der Kanthölzern als Dampfsperre erübrigt sich, da es sich ja nicht um eine Außenwand handelt.

8 Zum Bohren der Löcher für die Steckdosen eignet sich eine Lochsäge mit entsprechendem Durchmesser, die auf die Bohrmaschine aufgesetzt wird. Achten Sie darauf, daß Sie nur so tief bohren, daß Sie weder die Dämmstoffschicht noch die bereits eingezogenen Elektroleitungen verletzen.
Setzen Sie nun die speziell geeignete Wanddose in das Loch ein, wobei Sie die Elektroleitung durch die hintere Öffnung derselben hindurchführen. Hierbei muß die Leitung einen gewissen Überstand haben, damit die Steckdosen bzw. die Schalter später leichter angeschlossen werden können.

9 Ihre Zwischenwand ist nun für die Befestigung der Profilbretter fertig vorbereitet. Bevor Sie jedoch beginnen, sollten Sie sich Gedanken machen, wie Sie den Rand der Holzverkleidung gestalten wollen. Wünschen Sie eine offene Schattenfuge als sichtbare Randbegrenzung, so ist es ratsam, die äußeren Kanthölzer der Unterkonstruktion (Schwellenholz, Deckenholz und Seitenhölzer) dunkel zu beizen oder in dem gewünschten Farbton zu lasieren. So haben Sie bei der gewählten Kantholzdicke von 60 mm etwa 20–30 mm Raum für eine Schattenfuge. Wenn Sie sich jedoch für eine Randgestaltung mit Profilleiste entscheiden, so erübrigt sich das Beizen der Kanthölzer.

Bereiten Sie zunächst Ihre Profilbretter vor. Sie sollten sauber geschliffen und, wenn Sie es wünschen, fertig gebeizt und oberflächenbehandelt (lackiert, lasiert oder gewachst) sein, bevor Sie mit der Befestigung beginnen. Bei **waagerechter Verlegung** setzen Sie das erste Brett mit der Feder nach unten am Boden an. Wünschen Sie hier ebenfalls eine Schattenfuge, so erleichtert das Einschlagen von zwei Nägeln auf der richtigen Höhe das Ansetzen des ersten Brettes. Bei **senkrechter Verlegung** müssen Sie zunächst eine waagerechte Konterlattung mit einem Lattenabstand von etwa

50 cm schrauben. Hierfür genügen normale Dachlatten. Dann setzen Sie das erste Brett mit der Feder zur Wand auf der linken Seite (wenn Sie Linkshänder sind auf der rechten Seite) der Wand an. Wenn Sie für die Holzverkleidung eine Holzart mit unterschiedlichen Farbtönen zwischen den einzelnen Brettern verwenden, ordnen Sie die Bretter einer Wand vor.

Für die Verlegung von Profilbrettmustern machen Sie sich zunächst einen genauen Verlegeplan. Für bestimmte Muster benötigen Sie eine zusätzliche waagerechte oder auch diagonale **Konterlattung,** deren Aufbau Sie dem Verlegeplan entnehmen können.

Das Fischgrätmuster kommt ohne eine besondere Unterkonstruktion aus. Beachten Sie bei der Wahl dieses Musters jedoch, daß das genaue Schneiden der Gehrungen einige Geschicklichkeit erfordert. Wenn Sie hierin kein »Könner« sind, so üben Sie besser vorher an ein paar unbrauchbaren Reststücken. Vielleicht können Sie sich hierzu auch eine Gehrungssäge mit

Blattspanneinrichtung ausleihen, bei der Sie den Winkel exakt einstellen können. Mit dem Verlegen eines Fischgrätmusters beginnen Sie ebenfalls von unten. Hierbei kommen die ersten Bretter mit der Unterkante auf dem Schwellenholz zu liegen und werden auch an diesem befestigt. Verlegen Sie zunächst ein ganzes senkrechtes Feld, um einen genauen Rand einzuhalten, befestigen Sie auf der freibleibenden Seite des zweiten Kantholzes eine Dachlatte, die Sie mit der Wasserwaage genau senkrecht ausrichten. Für die winkelgenaue Verlegung der nachfolgenden Felder bietet sich eine häufige Kontrolle mit der Wasserwaage an. Die oberen Profilbretter eines jeden Feldes kommen wieder mit einer Seite auf dem Deckenholz zu liegen.

Wenn die ganze Wandfläche verkleidet ist, können Sie mit der Befestigung der Randleisten beginnen. Diese Leisten sollten nach Möglichkeit an Decke und Seitenwände gedübelt werden. Bei einer Befestigung an der verkleideten Wand würden sie sich beim Arbeiten der Profilbretter verziehen. Denken Sie an die Grundierung der Gipsfaserwand!

Fertigtür in Ständerwerk einbauen

1

2

3

Material
Holz- und Stahlblech-Fertigtür mit Sanitärwerkzarge, Schnellbauschrauben.

Werkzeug

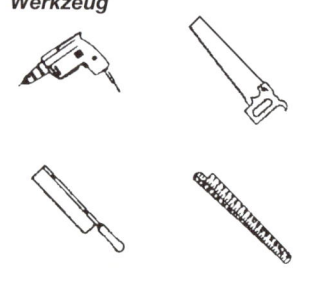

Schwierigkeitsgrad

0	1	2	3

Kraftaufwand

0	1	2	3

Arbeitszeit
Für den kompletten Türeinbau benötigen Sie etwa 1 Stunde.

Ersparnis
Durch Ihre Eigenleistung sparen Sie den Stundenlohn eines Handwerkers – etwa 70 DM.

Türen als Schall-, Wärme- und Sichtschutz

Unabhängig davon, wie groß Ihre Dachgeschoßwohnung werden soll, ohne Türen geht es nicht, die die einzelnen Räume akustisch und wärmetechnisch voneinander abtrennen. Aber nicht nur unter diesen Gesichtspunkten sind Türen selbst im Einzimmer-Dachappartement notwendig, oder können Sie sich ein Bad ohne Tür bzw. eine Wohnung ohne Eingangstür vorstellen? Wenn Sie Wände in Ständerbauweise errichten wollen, bieten sich spezielle Ständerwerkzeuge an.

Was für ein Türblatt Sie einsetzen wollen, hängt weitgehend von Ihrem persönlichen Inneneinrichtungsgeschmack ab. Sie sollten die Türblätter sowohl von der Gestaltung als auch vom Material, aber immer abhängig vom jeweiligen Einsatz in der Wohnung auswählen.

Stahl-Innentüren

Selbst Stahl-Innentüren lassen sich durchaus effektvoll im Wohnbereich einsetzen. Sie zeichnen sich durch eine dauerhafte Dimensionsstabilität aus und schließen deshalb immer einwandfrei und dicht. Weitere Vorteile liegen in ihren guten Schalldämmungseigenschaften und in ihrer Widerstandsfähigkeit, wodurch sie sich auch besonders gut als Wohnungstür eignen, da sie einen sehr guten Schutz gegen Einbruch darstellen.

Ständerwerkzargen

Zum Einbau solcher Türen in Ständerwerke gibt es spezielle Ständerwerkzargen, deren Konstruktion den besonderen Montagebedingungen Rechnung trägt.

Die Gipskartonbeplankung wird in der Regel hinter den Zargenrahmen geschoben. Dabei ist der Zargentyp entsprechend der geplanten Beplankungsdicke zu wählen, die bei einschaliger Ausführung 10 mm und bei doppelschaliger Beplankung wie auch beim Einsatz doppeldicker Gipsfaserplatten 20 mm beträgt.

Es gibt auch Ständerwerkzargen für Wände mit doppellagiger Beplankung, wobei die obere Beplankung am Zargenrahmen eine Schattenfuge bildet. In diesem Fall sitzt die Seitenflanke der Zarge auf der unteren Beplankung fest auf, so daß sich hier ein sauberer Anschluß ergibt.

1 Die **Montage von Ständerwerkzargen** ist besonders einfach, muß aber beim Aufbau des Ständerwerks gleich mitgeplant werden. Die Zarge wird zur Montage in die von senkrechten Ständern und einem waagerechten Querriegel bestimmte Wandöffnung gestellt. Dies geschieht vor der Beplankung und Dämmung der Ständerwand.

2 Um den richtigen Abstand der Zarge zum Ständerwerk festzulegen, schrauben oder nageln Sie nun am besten einige Gipskartonabfallstücke auf die Ständer. So erhalten Sie einen genauen Anschlag für die Zarge.

3 Verschrauben Sie die Zarge nun auf der Bandseite mit Hilfe der werkseitig angeschweißten Montageanker mit dem Ständerwerk.

4 Sie können zur Befestigung der Tür auch die hutförmigen Auflageprofile der Zarge nutzen, an denen später die Gipsfaserbeplankung der Wände anliegt. In diesem Fall werden genau passende Klötze zwischen die Schenkel dieser Hutprofile geschoben und mit entspre-

4

5

6

7

chend langen Schnellbauschrauben mit dem anliegenden Ständerholz verschraubt.

5 Ist die Zarge auf der Bandseite fixiert, wird das Türblatt eingehängt und geschlossen, um nun auch die Anker auf der Schloßseite mit dem Ständerwerk zu verschrauben. Hierbei ist es absolut notwendig, daß die Tür in die Zarge eingehängt und geschlossen ist. Hierdurch wird die exakte Montageposition der Zarge gewährleistet, die erforderlich ist, damit die Tür später einwandfrei schließt.

6 Erst nach dem komplett vollendeten Türeinbau führen Sie die beidseitige Verkleidung und Dämmung des Ständerwerks durch. Die Gipsfaserplatten werden nach dem Entfernen der Distanzstücke hinter die Zarge gesteckt und dann mit dem Ständerwerk verschraubt.

7 Die Tür ist gleich nach der Montage funktionsfähig.

Darauf können Sie bauen!

COMPACT-PRAXIS »do it yourself«

Jeder Band mit über 200 Abbildungen und instruktiven Bildfolgen – alles in Farbe.

Übersichtliche Symbole für Schwierigkeitsgrad, Kraftbedarf, Zeitaufwand u.v.m. – alles auf einen Blick.

Anwender-freundliche Komplett-anleitungen für alle wichtigen Heimwerker-Arbeiten – keine schmalen Einzelthemen.

Mit besonders hervorgehobenen Sicherheits-, Profi- und Ökotips.

Selbst Wohnräume unterm Dach ausbauen

Selbst Gartenteiche anlegen und pflegen

Selbst Elektroinstallationen ausführen

Selbst Fliesen und Platten verlegen

Selbst energiesparende Heizungen einbauen

Selbst Höfe und Wege pflastern

Über 50 Titel lieferbar.
Bitte fordern Sie unseren Prospekt an!

Selbst Treppen planen und einbauen

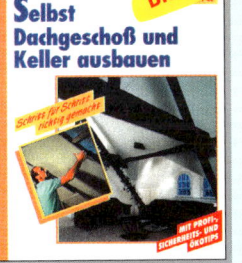

Selbst Dachgeschoß und Keller ausbauen

Selbst mauern, betonieren und verputzen

Selbst Wintergärten und Glashäuser bauen

Selbst Wände und Decken mit Holz verschalen

Selbst Regenwasser-Nutzsysteme anlegen

DM 19,⁸⁰

Compact Verlag GmbH
Züricher Straße 29
81476 München
Telefon: 0 89/74 51 61-0
Telefax: 0 89/75 60 95

Fliesen auf alten Holzdielen

Material

Fettlösende Lauge, Haftgrundierung, Armierungsgewebe, Schaumstoffstreifen, Ausgleichsmasse, Fliesenklebermörtel.

Werkzeug

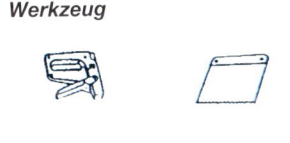

Schwierigkeitsgrad

| 0 | 1 | 2 | 3 |

Kraftaufwand

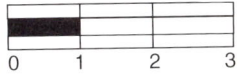

| 0 | 1 | 2 | 3 |

Arbeitszeit

Pro Quadratmeter Fliesenfläche müssen Sie etwa 30 Minuten veranschlagen.

Ersparnis

Durch Ihre Eigenleistung sparen Sie pro Quadratmeter 25 DM.

Verzichten kann man auf gefliese Böden in der Dachwohnung auf keinen Fall, denn ein sorgfältig verlegter Fliesenboden ist die zuverlässigste Garantie dafür, daß Spritzwasser in kleineren und größeren Mengen dort bleibt, wo es hingelaufen ist, nämlich auf dem Fußboden, und nicht in ihn eindringt.

Es ist möglich, keramische Fliesen auf Holzdielenböden zu verlegen. Hierzu werden zunächst die alten Dielen soweit notwendig nachgenagelt oder mit Schnellschrauben fixiert.

1 Nachdem Sie die Dielen gründlich mit einer fettlösenden Lauge geputzt haben und der Boden anschließend wieder gut durchgetrocknet ist, wird er mit einer Haftgrundierung gestrichen. Diese wird entweder mit einer Deckenbürste oder mit einer Schaumstoffwalze aufgetragen.

Profitip

Dichten Sie den Wandabschluß ringsum mit einem Schaumstoffstreifen ab. Dieser Streifen verhindert zusätzlich eine Trittschallübertragung auf die Wände!

1

2

2 Wenn die Grundierung gut durchgetrocknet ist, können Sie den Fliesenkleber leicht in der üblichen Weise auf den Boden auftragen.

3 Kämmen Sie den Klebemörtel mit einem Zahnspachtel gut durch und legen Sie anschließend die Trittschalldämm-Platten ins Kleberbett.

4 Nach Erhärtung des Kleberbetts werden die Stöße der Platten mit Klebeband (z.B. 20 mm Breite) überklebt.

5 Auf die Trittschalldämm-Platten tragen Sie nun den Fließbettmörtel für die Fliesen. Am besten nehmen Sie dafür eine Zahnkelle zur Hand.

6 Die Fliesen werden in das Kleberbett eingelegt und mit einem verformungsfähigen Fugenmörtel verfugt.

Neben dem üblichen Einsatz von Fliesen in Naßräumen haben sie sich auch im Eingangsbereich und in Dielen sehr bewährt, denn sie sind pflegeleicht, lassen sich gut wischen und schaffen großzügige Wohnlichkeit.

5

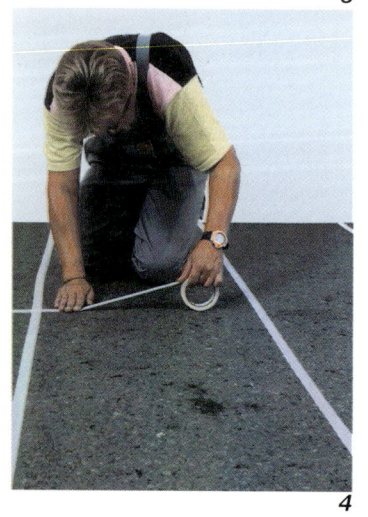

3

4

6

Badezimmer unter der Schräge

Material

Dämmkeile, Folie, Dachplatten, Schrauben, Porenbetonsteine, Anschlußdichtung, Gipskartonplatten, Kleber, Fugenmasse, Dispersionslack, Tiefgrund, Kreppband; Fliesen, Duschwanne, Waschtisch, WC, Armaturen, Stahlinnentür, Ständerwerkszarge.

Werkzeug

Schwierigkeitsgrad

0	1	2	3

Kraftaufwand

0	1	2	3

Arbeitszeit

Für diese Modernisierung müssen Sie zwischen 100 und 120 Stunden veranschlagen.

Ersparnis

Sie können durch Eigenleistung etwa 7000 bis 8500 DM sparen.

Der Dachausbau bringt, gerade was den Naßbereich betrifft, oft Probleme mit sich, die eine geschickte Lösung erfordern. Auf ein vernünftiges Bad soll aber bei allen Problemen nicht verzichtet werden. Bei durchdachter Planung und nicht zu flacher Dachneigung läßt sich ein kompaktes Bad mit Dusche, Waschtisch und Toilette durchaus schon auf einer so kleinen Grundfläche wie 3,5 x 1,0 m vor einer Giebelwand errichten.

Vom Fachmann läßt man sich hierzu vor der Giebelwand eine kostengünstige Vorwandinstallation verlegen, die später verschaltet wird.

1 Die **Dusche,** die in diesen schmalen Raum eingebaut werden soll, hat das normale Format 100 x 100 cm. Sie wird im höchsten Teil des Raumes eingebaut, denn selbst im kleinsten Bad sollte man natürlich richtig duschen können. Schon 30 cm von ihrer Vorderkante entfernt wird dann an der Giebelwand der Waschtisch plaziert. Dieser liegt genau gegenüber der Tür, so daß deren Laibung als zusätzlicher Bewegungsraum zur Verfügung steht.

1

2

3

4

5

Im weiteren Abstand von 30 cm ist ein wandhängendes WC an der Giebelwand installiert. Die hier erforderliche Stehhöhe wird durch das Dachfenster gewonnen, das zugleich für die notwendige Lüftung sorgt.

2 Der Einbau eines Bades unterm Dach erfordert hinsichtlich Dämmung und Dampfsperre eine besonders sorgfältige Arbeitsweise. In dem hier gezeigten Beispiel wird die Dachschräge mit 100 mm dicken Keilen aus Steinwolle gedämmt. Dieses Material verarbeiten sie am sinnvollsten im Wechsel. Die dreieckige Form dieser Dämmkeile ermöglicht es Ihnen, sie lückenlos zwischen die Dachsparren zu pressen. Drücken Sie die Keile kräftig gegeneinander, denn dadurch vermeiden Sie wirksam, daß Wärmebrücken entstehen. Zwischen der Dämmschicht und der Unterspannfolie des Daches muß übrigens ein mindestens 2 bis 3 cm breiter Lüftungsspalt verbleiben. Nachdem Sie die Dachschräge auf diese Weise gedämmt haben, sollten Sie die **Ständerwand** des Badezimmers errichten. Es ist sinnvoll, dies vor den folgenden Arbeiten durchzu-

führen, da so gewährleistet ist daß sowohl die Dampfsperre als auch die Gipsfaserplatten zu Wandverkleidung präzise und lückenlos, gerade auch an der Übergängen zwischen Dachschräge und Seitenwand, aufgebracht werden können.
Auch der Einbau der Türzarge ist kein Problem, wenn Sie nach der Arbeitsanleitung auf den Seiten 68 bis 70 vorgehen.

3 Jetzt können Sie damit beginnen, die Dampfsperre auf die Dämmung der Dachschräge aufzubringen. Tackern Sie zu diesem Zweck eine starke, besonders strapazierfähige Aluminiumfolie auf die Sparren.

4 Die sich großzügig überlappenden Bahnenstöße (mindestens 10 cm) bedürfen einer zusätzlichen Abdichtung. Um diese zu erreichen, überkleben Sie die Stöße mit einem selbstklebenden Aluminiumband, das Sie auch lieber etwas breiter auswählen sollten.
Wenn Sie dies überall präzise aufgeklebt haben, ist es unmöglich, daß Wasserdampf aus dem Raum in die Dämmung eindringen kann und dort erneut wieder zu Wasser kondensiert.

5 Auf die Sparren können Sie nun im Mittenabstand von 42 cm die Unterlattung aus flach geschraubten 3 x 5 cm großen Dachlatten montieren.

Damit Sie hierbei nicht ins Leere bohren oder schrauben, sollten Sie sich den genauen Sparrenverlauf auf der Aluminium-Dampfsperre markieren.

6 Quer zu dieser Unterlattung ist anschließend die Verkleidung aus Gipskartonplatten anzuschrauben.

Die **Verrohrung** des gesamten Bades verschwindet hinter einer **Vorsatzschale.** Diese errichten Sie genauso wie eine Zwischenwand in Ständerbauweise (vgl. S. 62), mit dem Unterschied, daß diese Schale nur auf einer Seite verkleidet wird, weil sie auf der anderen Seite ja direkt an eine bestehende Wand anschließt, die Tiefe dieser vorgesetzten Wand richtet sich nach der Stärke der Vorwandinstallation. Um die Sanitäreinbauteile zu installieren, müssen Sie entweder spezielle Vorwandinstallationsständer einbauen oder aber die Kanthölzer dieser Ständer-

konstruktion so aufbauen, daß die Einbauteile durch diese hindurch im Mauerwerk verankert werden können. Zur Nutzung der gesamten lichten Badbreite von 100 cm setzen Sie eine 70 x 70 cm große Duschwanne in eine U-förmige Ummauerung aus Porenbetonsteinen. Insgesamt hat die Duschnische dann mit einer Grundfläche von 100 x 90 cm reichlich Bewegungsraum zu bieten.

7 Zum Schutz der Gipskartonplatten gegen Einwirkung von Nässe verlegen Sie in diesem Bad die Fliesen im kritischen Bereich mit Epoxidharzkleber auf einer zuvor ausgehärteten, vollflächigen Dichtschicht. Alle Anschlußfugen müssen Sie sorgfältig mit Silikondichtmasse abdichten.

8 Wegen der relativen Enge des Bades ist die Wahl auf weiße Fliesen im Format 15 x 15 cm gefallen, wobei farbige Einstreufliesen und eine passende Verfugung lebhafte Akzente setzen können. Am Duschrand kann ein Schachbrettmuster auf die mögliche Stolperstelle gut aufmerksam machen.

6

7

8

Küche unterm Dach

Material

Planbauplatten 18 x 50/25/10, Stürze 70 x 62,5/25/10 und 4 x 75/50/10, Dünnbettmörtel, Eckschutzschienen, Glättputz, Holzplatten, Lamellentüren, Fliesen, Fliesenkleber, Fugenmasse.

Werkzeug

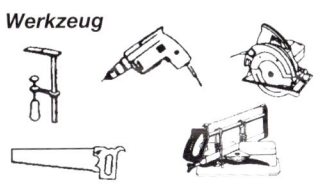

Schwierigkeitsgrad

0	1	2	3

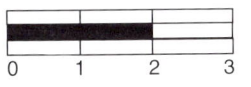

Kraftaufwand

0	1	2	3

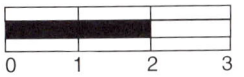

Arbeitszeit

Als Arbeitszeit müssen Sie 6 Tage mit jeweils 8 bis 10 Stunden veranschlagen.

Ersparnis

Gegenüber einer Maßeinbauküche können Sie bei dieser Größe bis zu 12 000 DM sparen.

Für junge Familien ist eine Küche aus Porenbetonelementen die preiswerteste Form, Komfort und Kochvergnügen miteinander zu verbinden.

Wenn Sie in einer Mietwohnung wohnen, müssen Sie vor dem Arbeitsbeginn unbedingt die Genehmigung des Vermieters einholen, da es sich bei dieser Porenbetonküche um einen festen Einbau handelt. Dies kann aber gleichzeitig ein Vorteil sein, denn feste Einbauten können mit Bausparverträgen finanziert werden.

1 Berücksichtigen Sie bei der Planung auch den Einbau Ihrer Küchengeräte: alle Maßangaben sind Rohbaumaße ohne Oberflächenbehandlung. Eine genaue und an Ihrem Platzbedarf orientierte Planung ermöglicht es Ihnen, auch wichtige Küchengeräte in einer Regalwand arbeitsökonomisch sinnvoll unterzubringen. Beachten Sie, daß Küchengeräte Luftzirkulation benötigen.

2 Anstelle der kunststoffbeschichteten Holzspanplatten verwenden Sie als Basis unbeschichtetes

1

2

3

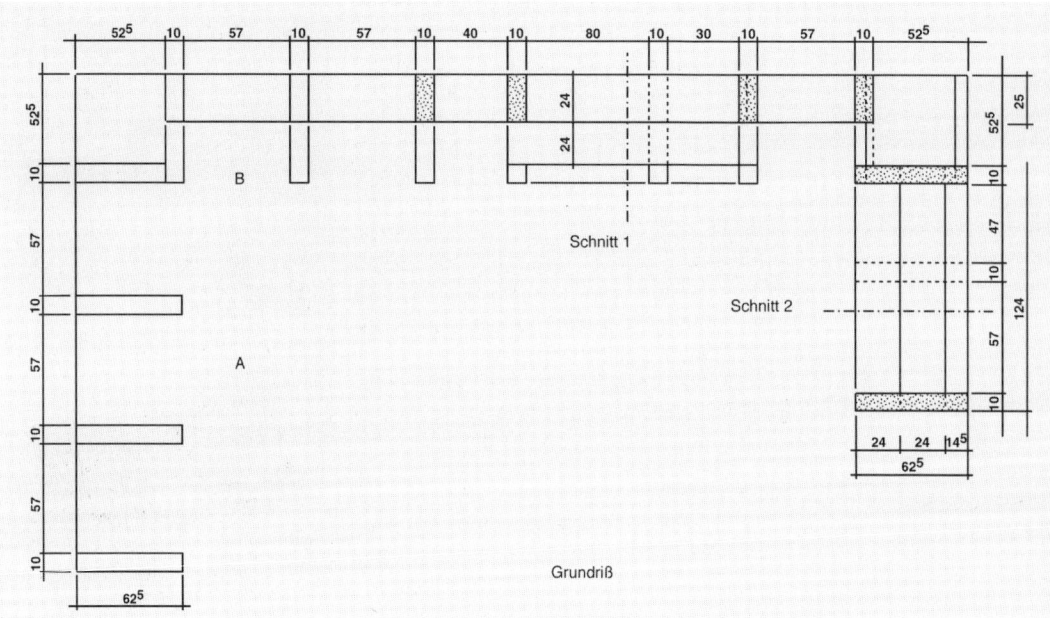

Grundriß

4

Holzspan. Der Vorteil liegt auf der Hand: eine gefliese Arbeitsplatte ist wesentlich hitzebeständiger.

Wählen Sie bei der Gestaltung der Unterschränke die Abmessungen so, daß Sie in Normmaßen erhältliche und vorgefertigte Türen verwenden können.

3 Der Rohbau ist sehr einfach. Bis auf die Arbeitsplatte wurden als Regalfächer nur Plansteine und Stürze verwendet.

4 Die gleichmäßigen Abstände der Unterschränke haben nicht nur bei der Beschaffung der Schranktüren einen großen Vorteil. Die Abstände sind so gewählt, daß zwei Unterschrankbreiten inklusive Auflagefläche eine Standardsturzlänge von genau 1,24 m ergeben.

5 Die Baupläne zeigen Ihnen noch einmal den gemauerten Mauerverbund.

Profitip
Porenbetonsteine mauern Sie im Dünnbettverfahren; verwenden Sie nur den vom Hersteller empfohlenen Fertigmörtel.

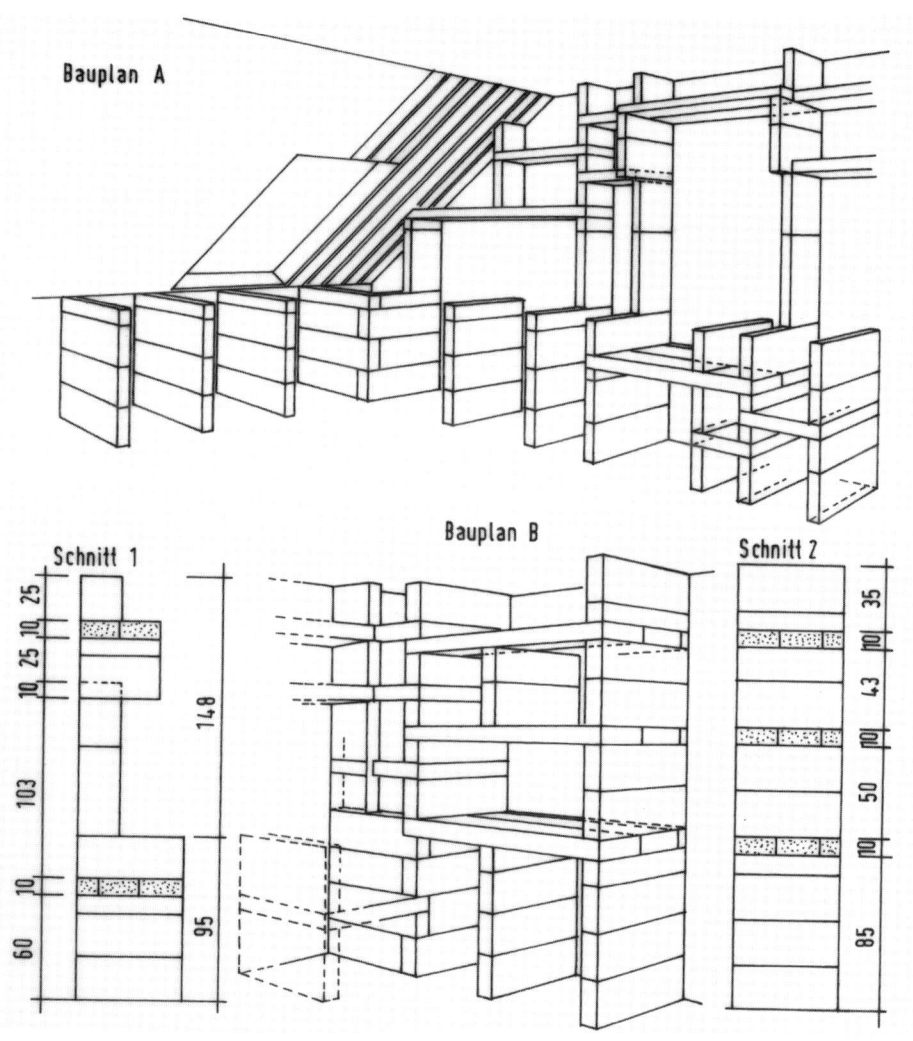

Bauplan A

Schnitt 1

Bauplan B

Schnitt 2

Schreibtisch für die Dachschräge

Material
40 Planbauplatten 50/25/7,5, 4 Stürze 124/24/7,5, Dünnbetonmörtel, Eckschutzschienen, Glättputz, Farbe, Regalböden.

Werkzeug

Schwierigkeitsgrad

0   1   2   3

Kraftaufwand

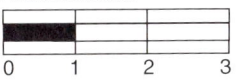

0   1   2   3

Arbeitszeit
Für den kompletten Aufbau mit Verputzen brauchen Sie zwischen 16 und 20 Stunden.

Ersparnis
Schon gegenüber einfachen Mitnehmmöbeln sparen Sie weit über 500 DM.

Die Dachschräge als Problem und Chance
Schon immer waren Dachschrägen von Mansardenwohnungen ein Problem bei der Inneneinrichtung. Ein ausgebautes Dach ohne Drempelwände hat viel ungenützten Raum, in den auch kaum ein Möbelstück paßt. Mauert man die Dachschräge jedoch glatt und gerade ab, wird der Raum verkleinert und verliert an Großzügigkeit.

Wir zeigen Ihnen deshalb ein Beispiel, wie Sie die Drempelabmauerung mit der Raumgestaltung sinnvoll kombinieren können. Die Dicke der Porenbeton-Bauplatten spielt dabei eine wesentliche Rolle. Sie benötigen keine Hilfsstützen und können somit frei aufbauen und individuell gestalten.

1 Der erste Arbeitsschritt ist das genaue Einmessen des Aufbaus. Prüfen Sie in dieser Phase, ob Sie genügend Steh- und Sitzhöhe berücksichtigt haben. Wenn Sie nicht genug Kopffreiheit haben, dann rücken Sie mit dem Aufbau etwas weiter von der Dachschräge ab. Die erste Lage Planbauplatten kleben Sie nun direkt auf den Estrich.

1

2

3

2 Gleichzeitig mit dem Aufbau des Schreibtisches mauern Sie den Drempel ab. Paßstücke für die Dachschräge lassen sich leicht mit einem Fuchsschwanz zusägen. Achten Sie auf einen genauen Mauerverbund. Nun verputzen Sie den Schreibtisch mit Fertigputz.

3 Das etwas nach vorne gezoge-ne, von beiden Seiten zugängliche Bücherregal setzt nicht nur einen gestalterischen Akzent, sondern es trennt in seiner Funktion als Raumteiler auch den Arbeitsplatz vom übrigen Wohnbereich etwas ab. Zusätzlich schafft man sich hiermit Stauraum und Ablage-fläche. Als Regalbretter können Sie, wie in unserem Beispiel, kunststoffbeschichtete Spanplat-

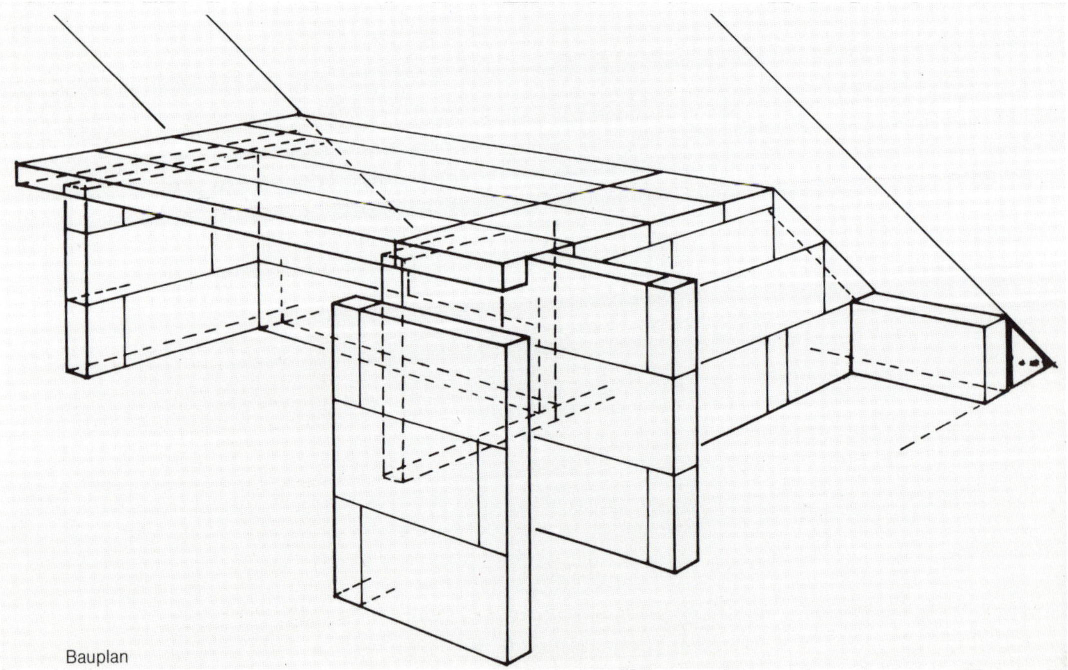

4

Bauplan

ten verwenden, die Sie am besten fertig zugeschnitten kaufen.

4 Der neue Arbeitsplatz fügt sich harmonisch in die gesamte Wohnsituation ein. Durch seine raumsparende Plazierung in der Ecke schafft er außerdem Platz für eine attraktiv weiträumige Nutzung der hellen Dachwohnung (vgl. Abbildung S. 82). Ein weiterer Vorteil der Ecklage des Porenbetonschreibtisches: Durch das raumteilende kleine Regal kann sich der hier Arbeitende vom übrigen Raum distanzieren, ein konzentriertes Arbeiten ist auch dann noch möglich, wenn sich noch weitere Personen im Raum befinden.

5 Der Aufbauplan zeigt Ihnen noch einmal deutlich, wie der Schreibtisch in die Dachschräge eingepaßt wurde. Gut erkennbar ist auch der Mauerverbund und die Auflage der massiven Arbeitsplatte, die aus Stützen angefertigt wird. Die Arbeitshöhe entspricht der von üblichen Schreibmöbeln.

6 Grundriß und Ansicht zeigen Ihnen hier die genauen vorgeschlagenen Baumaße.

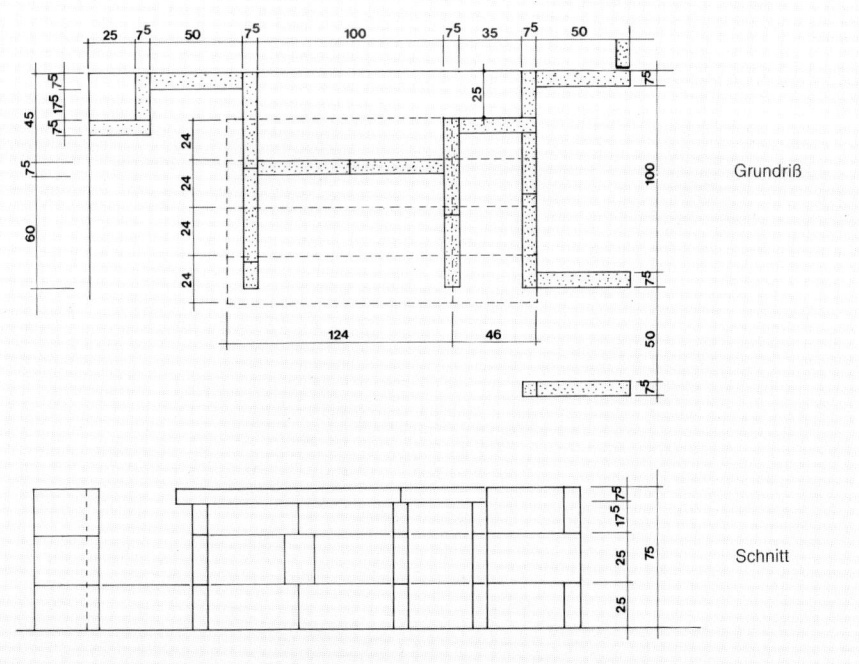

Grundriß

Schnitt

Das komplette Mansarden-Appartement

1

2

Material
Gehobelte Dachlatten und Kanthölzer, Spanplatten, Teppichboden, Wand- und Deckenfarbe, Holzleim, Dübel, Schrauben, Vorstreichfarbe, Lack.

Werkzeug

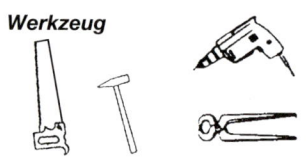

Schwierigkeitsgrad

0	1	2	3

Kraftaufwand

0	1	2	3

Arbeitszeit
Die Arbeitszeit ist vom vorherigen Zustand des Zimmers und vom Umfang der geplanten Einrichtung abhängig.

Ersparnis
Je nach Größe und Ausstattung sparen Sie den Betrag, den die verschiedenen Fachhandwerker als Arbeitslohn berechnen.

Wenn Sie nun Ihre Dachgeschoßwohnung komplett ausgebaut haben und es sich eher um eine Appartement als um die weiträumige Atelierwohnung handelt, müssen Sie die Einrichtung entsprechend gestalten. Dies betrifft Sie allerdings nicht nur, wenn Sie die Wohnung selbst bewohnen wollen; auch für komplett ausgestattete Wohnungen ist heutzutage immer wieder Nachfrage vorhanden. Mit ein wenig Geschicklichkeit und gar nicht allzuhohen Mitteln ist es möglich, auch Einzimmer-Wohnungen gemütlich und zweckmäßig auszustatten.

Das auf den folgenden Seiten beschriebene Beispiel einer selbstgebauten **Einzimmer-Einrichtung** soll Ihnen dazu einige Anregungen geben. Hierbei wurde besonderes Augenmerk darauf gelegt, daß der Kostenaufwand möglichst niedrig bleibt und dennoch eine ansprechende Einrichtung entsteht, in der man alles unterbringen kann, was zum einfachen Wohnen nötig ist: ein Bett, eine Arbeitsplatte, die sich auch als improvisierter Tisch eignet; darunter Stauraum für alle möglichen Gegenstände: Regale für Bücher usw. Darüber hinaus soll die Einrichtung so beschaffen sein, daß sie ohne weiteres wieder auszubauen ist, ohne den Wänden und Fußböden Schaden zuzufügen, falls Sie sich später anders einrichten oder die Dachgeschoßwohnung neu ausgestalten wollen. Aber wie gesagt, dies können nur Anregungen sein. Die für Ihre Wohnung und Ihre Bedürfnisse passende Einrichtung müssen Sie sich schon selbst ausdenken. Machen Sie sich auf jeden Fall vor dem Beginn der Arbeiten einen Entwurf, dem Sie beim Materialkauf Maße und Mengen entnehmen können. Zum einen macht schon das Planen Freude und außerdem sparen Sie sich beim Einkaufen viel Zeit und zusätzliche Wege, wenn Sie vorher schon einen detaillierten Plan aufgestellt haben, welche Materialien Sie wo am günstigsten erhalten.

Vorbereitungen

Beginnen Sie mit dem Anstreichen bzw. Tapezieren der Wände und der Decke. Fensterrahmen und Türen sollten Sie während dieser Arbeit sorgfältig abgedeckt haben. Anschließend müssen Sie den Boden gründlich reinigen.

1 Befestigen Sie den Teppichboden mit doppelseitigem Klebeband oder mit Verlegevlies. Bei der Verwendung von Klebeband kann es notwendig sein, daß Sie die Ränder der Verlegefläche vorstreichen, damit das Klebeband auch gut am Boden haftet. Kleben Sie das Band mit seiner offenen Seite direkt am Wandanschluß auf den Boden und reiben Sie es mit einem Teppichboden-Reststück sorgfältig an. Hiernach ziehen Sie die Schutzfolie vom Klebeband dicht über dem Boden ab und legen den vorher passend ausgelegten Teppichboden wieder zurück.

Auch bei einer Verwendung von Verlegevlies können Sie den Teppichboden später wieder so entfernen, daß weder Unterboden noch Teppich beschädigt werden. Bei einer fachgerechten Verlegung mit Verlegevlies wird zunächst die gesamte Bodenfläche damit ausgelegt. Die Bahnen werden nebeneinander auf Stoß auf den Unterboden aufgebracht und ebenfalls mit einem festen Teppichbodenstück gut angerieben. Legen Sie dann den Teppichboden auf der gesamten Fläche aus und bringen Sie ihn exakt in die vorgesehene Lage; schlagen Sie

3

4

5

6

7

8

ihn dann zur Hälfte zurück. In diesem Bereich wird dann die Schutzfolie vom Vlies abgezogen und anschließend der Teppichboden in das Vlies eingelegt. Nach dem Anreiben mit einem Anreibeholz (oder einem an der Kante abgerundeten Brettstück) verfahren Sie mit der noch unbefestigten anderen Hälfte des Belages in gleicher Weise.

Sie können die Ränder des Teppichbodens vor oder nach dem Verlegen zuschneiden. Vorteilhafter, wenngleich auch etwas schwieriger, ist das Zuschneiden des fertig fixierten Teppichbodens, weil dieser im Randbereich dann nicht mehr verrutschen kann und Sie somit das Risiko, sich zu verschneiden, verkleinern. Verwenden Sie hierzu ein Teppichmesser mit einer scharfen Hakenklinge und führen Sie das Messer genau in die Kante zwischen Wand und Boden. Hierbei halten Sie mit der freien Hand den abgeschnittenen Streifen gut fest, damit sich vor dem Messer keine Schubbeule bildet. Reiben Sie dann den Belag im Randbereich noch einmal sorgfältig an den Rand des Teppichbodens. Überdecken Sie ihn nun mit Fußleisten, die vor ihrer Befestigung angestrichen werden.

So vermeiden Sie Farbkleckse auf dem Teppichboden. Im Bereich von Türen und Durchgängen, wo der Teppichboden an einen anderen Belag angrenzt, ist es notwendig, die Kanten des Teppichbodens mit sogenannten Übergangsleisten zu schützen. Diese werden einfach mit Dübeln und Schrauben am Unterboden befestigt.

2 Für den Aufbau von Regalen, Kästen und der Arbeitsplatte eignen sich 19 mm starke Spanplatten besonders gut.

Sicherheitstip
Achten Sie beim Einkauf von Spanplatten immer darauf, daß sie kein Formaldehyd enthalten, das zu einer lang anhaltenden Geruchsbelästigung und zu eventuellen Gesundheitsschäden führen würde.

Wenn Sie vor dem Einkauf einen genauen Einrichtungsplan gemacht haben, können Sie die Platten gleich passend zuschneiden lassen. Das erspart Verschnitt, Staub, Lärm und nicht zuletzt Arbeitszeit. Kostengünstiger ist es in den meisten Fällen auch, weil

Sie wirklich nur so viel kaufen, wie Sie wirklich benötigen und meistens einen Quadratmeterpreis bezahlen müssen. Die einfachste Konstruktion für ein Wandregal besteht aus auf dem Boden aufstehenden, an den Wänden mit Metallwinkeln fixierten Brettstützen, auf die ein weiteres Brett aufgelegt und verschraubt wird. Zwischen die Brettstützen lassen sich beliebig viele Regalböden einbauen. Sie werden auf Leisten aufgelegt, die an den Brettstützen befestigt sind.

3 Eine Verleimung der Bretter ist allerdings schon wesentlich stabiler. Hierzu benötigt man Holzleim, der direkt aus der Spritzdüse der Flasche auf die Kanten der Bretter aufgetragen wird. Zusätzlich werden die Bretter mit Nägeln aneinandergenagelt und mit Schraubzwingen solange zusammengepreßt, bis der Leim abgebunden hat (je nach Raumtemperatur 1 bis 3 Stunden).

4 Auf diese Weise kann man einfache Kästen bauen, die an einer Seite offen bleiben und sich zum Verstauen aller möglichen Dinge eignen. Wenn man auf das Zusammenpressen mit Schraub-

zwingen verzichten möchte, dann kann man die mit Leim versehenen Bretter ebensogut miteinander verschrauben. Hierzu benötigt man Senkkopfschrauben (am besten Spezialschrauben für Holzspanplatten), die in das versenkte Bohrloch eingedreht werden. Die Schrauben sollten hierbei nur bis zum dichten Anstoßen eingedreht und versenkt werden, sonst reißen sie aus den Spanplatten aus.

9

5 Für eine Unterteilung des Raumes mit Vorhängen oder Rollos, ebenso aber auch als einfache Blendleisten für die Vorhangschienen an den Fenstern, werden gehobelte und geschliffene Dachlatten an die Decke gedübelt. Hierzu ist es sinnvoll, die Löcher im Holz vorzubohren und die Latten vor der Befestigung anzustreichen oder zu lackieren. Auf diese Weise vereinfacht man sich das Streichen und verhindert Farbspritzer an Decken, Wänden und Bodenbelägen. Außer einer Befestigung durch direktes Anschrauben kommt natürlich auch eine Befestigung mit Metallwinkeln in Frage. Dies ist dann angebracht, wenn Leisten oder Bretter mit ihrer schmalen Kante an der Wand

10

11

12

13

14

oder unter der Decke befestigt werden sollen.

6 An stehend festgeschraubten Leisten oder Kanthölzern, die als »Rahmen« gedacht sind, lassen sich Querverstrebungen befestigen. Auf diese Weise erhält man eine Art Lattengerüst, an dem später, je nach Tragfähigkeit der Konstruktion, Hartfaserplatten, Spanplatten, Stoffbespannungen oder Rollos angebracht werden können.

7 Die **Verkleidung von Heizkörpern** mit Spanplatten muß so ausgeführt werden, daß die zwischen den Rippen der Heizkörper angewärmte Luft möglichst ungehindert zirkulieren kann. Hierzu müssen sowohl eine untere Lufteintrittsöffnung als auch mehrere obere Luftaustrittsöffnungen vorgesehen werden. Optisch ansprechende und die Luftzirkulation nicht behindernde Heizkörperverkleidungen können mit sogenanntem Stuhlgeflecht (fertiges Rohrgeflecht) gebaut werden, das mit Tackerklammern an einem festen Lattenrahmen befestigt wird.

8 Eine Heizkörperverkleidung aus Spanplatten sollte in jedem Fall fest verleimt werden. Anschließend wird der auf diese Weise hergestellte offene Kasten an der Wand am Fensterrahmen oder an stehenden Rahmenhölzern angeschraubt.

9 In die Abdeckplatte werden mehrere breite Luftschlitze eingefräst oder mit der Stichsäge eingeschnitten. Anschließend glättet man die Kanten mit 120er Schleifpapier.

10 Die geschliffenen Kanten werden vor dem Anstreichen mehrmals hintereinander gespachtelt und zwischengeschliffen. Vor dem eigentlichen Anstrich sollten die Spanplatten mehrfach vorgestrichen werden. Auch hierbei erhalten Sie eine wesentlich glattere Oberfläche, wenn Sie mit 150er Schleifpapier einen Zwischenschliff durchführen.

11 Wenn Sie Kästen, Podeste oder selbstgebaute Sitzmöbel aus Spanplatten mit Teppichboden bekleben wollen, müssen vorher alle Kanten abgeschrägt werden. Benutzen Sie hierzu eine Holzraspel oder einen Hobel und schleifen Sie anschließend mit 80er Schleifpapier. Dann streichen Sie die Spanplatten mit einer geeigneten Grundierung, auf der doppelseitiges Klebeband oder auch Teppichbodenkleber besser haftet als auf den roh belassenen Spanplatten.

12 Bringen Sie das Klebeband in Streifen nebeneinander auf und reiben Sie es mit einem Teppichboden-Reststück sorgfältig an. Sie können einen Einseit-Teppichkleber verwenden, den Sie mit einem Zahnspachtel gleichmäßig auftragen und vor dem Ansetzen des Teppichbodens gut ablüften lassen.

In ganz schwierigen Fällen empfiehlt sich auch die Kontaktklebemethode mit Neoprene-Kleber. Hierbei wird der Kleber mit der Rolle oder dem Pinsel auf die Verlegefläche aufgetragen. Anschließend legt man den Teppichboden in das Kleberbett, reibt ihn kurz an und zieht ihn wieder ab. Auf diese Weise werden beide zu klebenden Seiten gleichmäßig mit Kleber benetzt. Nach dem Ablüften (beachten Sie hierzu die Verarbeitungshinweise des Klebstoffherstellers) legt man den Belag endgültig in das Kleberbett ein. Ein Nachteil dieser Methode ist, daß man nach dem letzten Einle-

gen des Belages keine Korrektur mehr vornehmen kann.

13 Bei der Befestigung eines Bodenbelages an senkrechten Flächen arbeitet man am besten zu zweit. Während der eine den Belag festhält, kann ihn der andere in die richtige Lage bringen und anreiben. Wenn Sie hierbei Einseitkleber verwenden, kann es auch notwendig sein, den Belag nach dem Anreiben an der Oberkante der senkrechten Verlegefläche mit einigen Stahlnägeln zu fixieren.

14 Erst zum Schluß wird der Belag an seinen Kanten zugeschnitten. Das Teppichmesser läßt sich problemlos an der Kante des Kastens führen. Sie erhalten einen sauberen Schnitt.

15 Wenn Sie Latten- oder Kantholzgerüste erst nach der Befestigung streichen wollen, so decken Sie vorher die angrenzenden Flächen und besonders den Teppichboden gut ab. Farbflecke in textilen Bodenbelägen lassen sich später meist nicht mehr restlos entfernen.

16 Podeste baut man aus einer Unterkonstruktion aus tragfähi-

15

16

17

18

19

20

gen Kanthölzern, auf die dann mindestens 22 mm dicke Spanplatten geschraubt werden. Bei einer Spanplattenstärke von 22 mm sollten die Mittenabstände der Kanthölzer allerdings nicht mehr als 50 cm betragen. Abbildung 17 zeigt die Unterkonstruktion für das vorgesehene Bett.

17 Wenn die Rahmenkonstruktion aus Kanthölzern tragfähig ist, so können an ihr wiederum Regalbretter befestigt werden. Die hier gezeigten Regalböden aus zwei gegeneinander verleimten Brettern können nur halten, wenn sie an der Seite durch ein zusätzliches Brett oder von unten durch Metallwinkel gestützt werden.

18 Je weniger Verstrebungen eine Plattenkonstruktion aufweist, umso haltbarer müssen die Verbindungen zwischen den Platten ausgeführt werden. Die in Abbildung 19 gezeigte Arbeitsplatte aus verleimten und verschraubten Einzelteilen wird später an den stehenden Lattenrahmen angeschraubt und erhält als Unterstützung zwei kräftige Latten an ihrer Vorder- und Hinterkante. Diese Latten werden ebenfalls mit der Platte verleimt und verschraubt.

19 Nach dem Spachteln der Kanten und der Schraubenlöcher wird die Arbeitsplatte mehrfach vorgestrichen und anschließend lackiert. Wenn Sie eine besonders glatte Oberfläche erhalten wollen und im Lackieren mit dem Pinsel noch ungeübt sind, sollten Sie eine Lackierrolle verwenden. Nach dem Aufnehmen der Farbe in die Rolle wird diese an einem Gitter abgestreift. Durch Aufrollen in verschiedene Richtungen wird der Lack verschlichtet.

20 In das Latten- oder Kantholzgerüst können Sie vorher grundierte und farbig lackierte Hartfaserplatten einsetzen.

21 Wenn Sie die Platten mit Tapeten bekleben wollen, so ist dies einfacher und zweckmäßiger, wenn dies vor der Befestigung geschieht.

22 Weitere Einrichtungsgegenstände können farblich auf den fertiggestellten Innenausbau Ihrer Mansarde abgestimmt werden.

23 Die Schlafnische der Wohnung wird durch den offenen Raumteiler recht großzügig abgetrennt.

Weitere Tips für den Bau von Inneneinrichtungen

Ein hervorragendes Material für schöne, sichtbare Holzflächen sind sogenannte Leimplatten. Sie bestehen aus fest verleimten künstlich getrockneten Holzstäben und sind in den verschiedensten Formaten und Stärken im Handel. Beim Bau von Möbeln sollte man diese Platten verdeckt oder offen dübeln (mit Holzdübeln) und verleimen. Die Oberflächen dieser Platten sind meist unbehandelt und erhalten durch Auftragen von Wachsen oder Leimöl einen angenehmen Glanz.

Ökotip

Sie können auf lösungsmittelhaltige, gesundheitsschädigende Lacke in nahezu allen Fällen verzichten. Mit Wachsen oder Ölen erzielen Sie auf natürliche Weise denselben Effekt und verleihen dem Holz den notwendigen Schutz vor Wasser, Fetten oder Schmutz.

Als Türen für selbstgebaute Möbel, aber auch vor einer Mauernische, die man als Schrank benutzen möchte, eignen sich sogenannte Lamellentüren. Sie werden einfach mit Scharnieren befestigt und zum Schließen mit Türmagneten ausgestattet.

Einfache, kastenförmige Sitzmöbel lassen sich mit gegeneinander verleimten und verschraubten Spanplatten bauen, die nachträglich mit Teppichboden überzogen und mit Kissen belegt werden können.

In hohen Räumen – z.B. in offenen Giebeln – kann man durch den Einbau eines Hochbettes viel Platz sparen. Hierbei werden tragfähige Kanthölzer auf entsprechend starke, mit Schwerlastschrauben befestigte Stahlwinkel aufgelegt. Eine andere Methode ist die Unterstützung mit an den Seitenwänden verschraubten Kanthölzern, die ihrerseits wieder zum Aufbau von Regalen oder einfachen Schränken dienen können. Die Kanthölzer der so entstehenden kleinen »Zwischendecke« werden mit dicken Profilbrettern oder Fußbodendielen belegt. Auf diese Weise erhält man einen tragfähigen Aufbau und, von unten betrachtet, eine wirklich schöne Holzdecke. Damit man nicht herunterfällt, wird an der Vorderseite des Hochbettes ein einfaches Holzgeländer aufgebaut.

21

22

23

Deckenbekleidungen wirken wärmedämmend

Sachwort-Register

Armaturen 25
Ausbauplanung 28

Badezimmer 28, 75
Baugenehmigung 6
Bodenbelag ausmessen 41
Brandschutz 12
Brauchwasserrohre 24

Dachflächenfenster 6
- einbauen 55
Dachgaube 6
- einbauen 53
Dämmen 33
- Dachgeschoß 58
Dämmstoffe 7, 12, 33
Dämmstoffkörnung 9
Dampfsperre 34
Dehnungsfuge 46, 47
Drempelwand 58
Dünnbett 48, 80

Estrich 17
- elemente 38

Fenster 28
- Dachflächen- 55
- Holz- 57
Fertigparkett 21, 46
- verlegen 22, 46
Fliesen 23, 48, 74
- Fußboden 50
- verfugen 51
- Wand 48
Fugen 25

Fußboden 29
- erneuern 38

Gipskartonplatten 8

Heizkörperverkleidung 90
Holz 28
Holzdielenboden 17
- Fliesen auf 72

Isolierung 28
Isolierverglasung 57

Kältebrücke 34
Konterlattung 34
Küche 29, 78

Mineralfasermatten 36
Mineralfaserwolle 9
Mineralfaserzöpfe 10
Mineralstofffilze 8, 33

Öfen 28

Parkett 21
- Fertig- 21, 46
Polyäthylen-Folie 34, 39
Polystyrol-Hartschaum 12
Porenbeton 14
- verarbeiten 31, 78, 82
PVC-Belag 20

Randstreifen 10
Rohrschalen 10

Sanitärzubehör 24

Schallschluckplatten 9
Schallschutz 11
Schwellenschiene 44
Sicherheitsbestimmungen 6
Sockelleiste 45
Ständerwand 62
Ständerwerkzargen 69

Teppichboden 18
- verlegen 42
Teppich-Siegel 19
Tragekonstruktion 58
Trennwand 62
- Verschalung 66
Treppen 29
Trittschall 7
- dämmung 37, 38
- schutz 11
Türen 29
- Stahl-Innen- 68

Unterböden 38
Unterkonstruktion 58
Unterlattung 77

Velours 18
Verbundplatten 9, 17
Vorsatzschale 77
Vorwandinstallation 75, 77

Wärmedämmwert 11
Wärmeschutzverordnung 35
Werkzeuge 26

Zwischenwand 62

Abbildungsverzeichnis

Die nachstehend aufgeführten Firmen haben Bildmaterial zur Verfügung gestellt. Da sie damit zur Gestaltung dieses Buches beigetragen haben, möchten wir Ihnen für die freundliche Unterstützung danken.

Arbeitsgemeinschaft Holz e.V., Postfach 300141, 40401 Düsseldorf: 28, 29, 94.

Deutsche Rockwool Mineralwolle GmbH, Bottropper Str. 241, 45964 Gladbeck: 11, 12, 13, 40.

Dura Tufting GmbH, Frankfurter Str. 62, 36043 Fulda: 86, 87, 88, 89, 90, 91, 92, 93.

Erfurt und Sohn, Postfach 2301, 42399 Wuppertal: 16.

Fels-Werke GmbH, Postfach 1460, 38640 Goslar: 37, 38, 39, 40, 58, 59, 62, 64, 65, 66.

Hans Grohe GmbH, Postfach 1145, 77757 Schiltach: 25.

Grünzweig + Hartmann und Glasfaser AG, Postfach 210565, 67005 Ludwigshafen: 7, 8, 9, 10, 33, 34, 35, 36, 76 (oben).

Hebel AG, Postfach 1353, 82656 Fürstenfeldbruck: 14, 60, 61, 78, 79, 80, 81, 82, 83, 84, 85.

Th. Höhns KG, Postfach 1240, 23872 Mölln: 21, 22.

Hörmann KG Verkaufsgesellschaft, Postfach, 33803 Steinhagen: 68, 69, 72.

Informationsgemeinschaft Heimwerken, Schloßstraße 15, 40477 Düsseldorf: 17.

Jado AG, Paul-Ehrlich-Str. 5, 63322 Rödermark: 24.

Kermi GmbH, Pankofen-Bahnhof 1, 94447 Plattling: 57, 75.

Knauf Bauprodukte, Postfach 10, 97346 Iphofen: 32, 48, 49 (oben), 77 (unten).

Lattner Holzindustrie GmbH, A-4563 Micheldorf, Schön 48: 46, 47.

Lugato Chemie Dr. Büchtemann GmbH & Co., Postfach 701140, 22047 Hamburg: 50, 51.

PCI, Piccardstr. 11, 86159 Augsburg: 73, 74.

Rigips GmbH, Schanzenstr. 84, 40549 Düsseldorf: 15, 16, 49, 70, 72, 75 (oben), 76 (unten), 77 (oben).

Tarkett Pegulan Vertriebs GmbH, Postfach 1965, 67225 Frankenthal: 20.

Velux GmbH, Postfach 540260, 22502 Hamburg: 55, 56.

Wanit GmbH & CO KG, Schloßstr. 30, 44653 Herne: 54.

Ytong AG, Hornstr. 3, 80797 München: 23, 52.